KB117477

누가,
스티브
잡스를
이길
것인가

세계 부의 지도를 바꾸는
바이오산업 이야기

누가,
스티브
잡스를
이길
것인가

장건희 지음

Soli Deo gloria

바이오산업 원정의 시작

아직 여명이 밝아오기도 전, 나는 새벽잠을 이루지 못하고 창가로 다가 갔다. 창문을 통해 바라보는 뉴욕 맨해튼의 새벽녘 거리는 꿈만 같았다. 월도프 아스토리아^{Waldorf=Astoria} 호텔 9층에서 바라보는 어두운 파크애비 뉴에는 자동차들만이 드문드문 소리 없이 미끄러져 나갈 뿐, 인적은 볼 수 없었다. 맞은편 건물의 창은 대부분 불이 꺼져 있었지만 몇몇 사무 실은 그 시간에도 그저 인적 없이 환하게 불을 밝히고 있었다. 이곳이 인류가 만든 가장 큰 장터들이 위치한 곳이란다. 이제 몇 시간 후면 월 스트리트의 주식시장이 장을 개시할 것이고 맨해튼에는 특유의 활기가 넘쳐날 것이다. 치열한 경쟁과 그에 대한 대가에 익숙한 젊은이라면 누구나 동경하는 곳. 나는 월스트리트를 응시하며 맨해튼에서 처음 맞는 새벽에 더욱 깊이 빠져들었다.

2001년 가을, 나는 당시 근무하던 삼성정밀화학 전략기획팀의 팀원들과 함께 신사업 추진과 관련해 미국 내 전문가들의 자문을 듣기 위해 뉴욕을 방문 중이었다. 세계는 바이오 열기로 달궈져 있었다. 한국도 예외가 아니었다. 바이오벤처들이 우후죽순처럼 생겼고 투자자들은 서로 투자하겠다고 아우성이었다. 한국의 대기업들도 바이오산업에 비상한 관심을 보이며 전담팀을 두어 적극적으로 검토했다. 많은 기업의 신사업 추진팀들이 바이오산업의 실체를 파악하기 위해 미국을 드나드는 것도 당연한 일이었다. 우리 역시 전문가들을 만나고 시설을 돌아보며 사업 추진의 타당성을 고민하였다. 생물공학 박사학위를 받고 산업체에 뛰어든 지 이제 겨우 2년차가 되던 나는 바이오붐의 열기를 한껏 즐기고 있었다.

우리는 호텔 측에 회의를 위해 스위트룸 하나를 정리해달라고 요청했다. 그들은 곧 큰방 하나를 아늑하면서 은밀한 느낌이 들도록 꾸며주었다. 뉴욕은 미국 동부에 흩어져 있는 전문가들을 초대하여 만나기 적합한 곳이다. 우리는 사전에 접촉했던 인사들을 뉴욕으로 초대하여 오전 내내 회의로 시간을 보냈다. 신사업으로서 바이오사업을 어떻게 시작할 것인지, 인력을 어떻게 확보할 것인지 등의 자문을 얻었다. 회의록을 쓰기가 힘들 정도로 방대한 정보를 얻고 많은 조언을 들을 수 있었다.

저녁 비행기로 워싱턴DC에 가야 했기 때문에 회의를 급히 마무리하고 짐을 꾸렸다. 아침부터 흐려 있던 날씨는 저녁이 되자 빗방울을 뿌려대기 시작했다. 퇴근시간에 소나기까지 내려 뉴웍Newark 공항으로 향하는 도로는 정체가 심했다. 다행히 일찌감치 호텔에서 출발한 덕에 제시간에 맞춰 비행기에 올라탈 수는 있었다. 승객들이 모두 자리를 찾아 앉은 지 오래였지만 어쩐 일인지 비행기는 이륙할 기미를 보이지 않았다. 폭우 때문일까? 안전을 위해 이륙이 지연되고 있다는 기장의 안내방송 외에 다른 내용은 없었다. 미국의 국내선에 익숙지 않았던 나는 이런저런 상상을 하며 기내와 창밖을 돌아보며 시간을 흘려 보냈다. 워싱턴DC에 내려 오랜만에 여유 있게 한식당에서 저녁식사를 할 계획이었지만 아무래도 단념해야 할 것 같았다. 우리는 갑갑한 국내선 비행기 안에서 무려 3시간을 보내고 벌써 도착하고 남았어야 할 시간인 밤 9시가 넘어서야 그곳을 떠날 수 있었다. 비행기는 비구름을 뚫고 워싱턴DC의 레이건 공항에 도착했다. 공항에서 만나기로 했던 안내자는 다행히 상황을 미리 파악하고 끝까지 우리를 기다리고 있었다.

다음날 언제 비가 왔었냐는 듯 청명한 가을 날씨가 우리를 맞았다. 약속시간에 맞춰 시내 중심가에서 30분 가량 떨어진 게이터스버그Gaithersburg에 위치한 메드이뮨Medimmune 본사로 향했다.

메드이뮨은 2007년 유럽의 다국적 제약 회사 아스트라제네카

게이터스버그 메드이뮨의 본사 건물 모습

© Astrazeneca

AstraZeneca에 인수되었지만, 내가 방문했던 2001년에는 워싱턴DC 근교에서 가장 '잘나가는' 바이오제약 회사였다. 바이오 버블에 편승해 흥청망청하던 다른 벤처들과는 달리 메드이뮨은 이미 주력제품인 '시너지스Synagis(소아 호흡기 세포융합 바이러스 치료제)'로 상당한 매출을 올리고 있었고 미국 동부에서 새로운 바이오산업의 신화를 일궈 나가고 있었다.

입구 데스크에서 나는 디렉터로 있는 에릭 차우를 찾았다. 모 교수님의 소개로 알게 된 에릭과는 그동안 이메일로만 이야기를 주고받아 왔었다. 나는 메드이뮨의 바이오사업을 벤치마킹하고 싶다고 했고 그는 흔쾌히 도와주겠다고 해, 오늘의 만남이 성사된 것이다.

이윽고 에릭이 우리를 반갑게 맞았고 프로젝트 매니저인 조셉을 소개했다. 우리는 회의실로 들어가 이야기를 나누었다. 먼저 우리 측을 소개했다. 사업분야가 다른지라 에릭과 조셉은 삼성의 중화학공업단지 내 시설과 생산규모에 관심을 보였다. 나의 설명이 끝나자 에릭은 메드이뮨에 대한 소개를 해주겠다고 했다. 그는 잠시 망설이더니 보여주고 싶은 자료가 있다며 자신의 사무실에 잠시만 다녀오겠다고 했다.

그때 갑자기 밖에서 사람들의 웅성거리는 소리가 들렸다. 마치 무슨 일이라도 일어난 것 같은 분위기였다. 나는 회의실 밖으로 나왔다. 사람들이 삼삼오오 모이기 시작했다. 그러자 누군가 회의실 앞으로 이동식 TV를 끌고 왔다.

"웬일이지? 아침 근무시간부터 TV를 보려고 하나?"

무슨 영문인지 알 수가 없었다. TV를 켜자 뉴스속보가 방송되고 있었다. 카메라가 비추는 곳은 내가 어제 떠나온 뉴욕의 맨하튼이었다.

"어? 저긴 내가 어제 묵었던 곳 부근인데……."

맨하튼의 어떤 건물에서 불이 난 것 같았다.

"맙소사!"

등줄기에 전율이 흐르며 순간 몸이 얼어버리는 듯한 느낌이 일었다. 월드트레이드센터에 비행기가 충돌한 것이다. 아무래도 단순한 사고가 아닌 것 같았다. 뉴스에서 뭐라고 하는지 도무지 알아들을 수 없었던 나는 주위 사람들이 나누는 이야기를 들으려고 귀를 기울였다.

그때 TV를 응시하던 한 여자가 비명을 질렀다.

"오, 하나님!"

쌍둥이 빌딩 중 하나가 마치 거대한 모래성처럼 허물어지기 시작했다. TV를 보던 사람들은 모두 새파랗게 질려 버렸고 저마다 탄성을 질러댔다. 어떤 여사원은 흐느껴 울기까지 했다. 나는 이방인으로 멍하니 서서 어찌 해야 할지 몰랐다.

회의실로 황급히 돌아온 에릭은 다짜고짜 학교에 있을 자신의 아이들을 데리러 가야 한다며 회의는 다음으로 미루자는 말을 남기고 급하게 사라졌다(에릭과의 이야기는 2부에서 계속된다). 우리는 난데없는 사태로 회의실에 덩그러니 남겨졌고 할 수 없이 다른 직원들의 안내를 받으며 나올 수밖에 없었다. 물론 그 즉시 다른 모든 일정은 취소되었고 당장 귀국 준비를 했다.

테러가 일어나고 정확히 일주일 후, 아직 채 충격이 가시지 않은 때 수상한 흰 봉투들이 신문사와 방송국, 그리고 미 의회 사무실로 속속 배송되었다. 봉투 내에는 경천동지할 만한 내용의 글이 쓰여 있었다.

"2001. 9. 11. 너희는 우릴 막을 수 없다. 우리는 탄저균을 가지고 있다. 너는 지금 죽는다. 두렵나? 미국에 죽음을. 이스라엘에 죽음을. 알라는 위대하다."

톰 데슐 상원의원 등에게 배달된 이 우편들로 미국은 또 한 번 패닉에 빠지게 되었다. 어떤 봉투 안에는 갈색입자가, 또 다른 곳에 배달된 봉투에서는 백색의 분말이 발견되었다. 탄저균체였다. 꿈에도 상상치 못했던 탄저균 배달로 플로리다의 타블로이드판 〈선^{Sun}〉의 로버트 스티븐스를 비롯해 5명이 사망하고 11명이 감염되는 참담한 사태가 벌어졌다. 미국은 9/11테러로부터 정신을 가다듬기도 전에 급소를 가격 당했다.

바이오산업 현장으로 뛰어들다

2001년 9월 11일 이후의 세상은 이전의 세상이 아니었다. 전 세계 공공시설의 보안이 철통과 같이 강화되었고 금융, 여행, 운송 등이 마비되었다. 사태는 차츰 산업경제 전반으로 퍼졌다. 9/11테러는 당시 전 세계적으로 극에 달해 있던 호황(닷컴붐, 바이오붐)에 찬물을 끼얹었다. 주식시장에 큰 조정이 일어났으며 경기가 위축되었고, 최근의 경기 침체로 이어지는 중요한 모티브가 되었다.

　한국도 이를 피할 수는 없었다. 국내의 바이오에 대한 관심과 신사업 추진에도 제동이 걸렸다. 필자가 근무하던 삼성그룹 내에서도 그동안 강력하게 추진되던 바이오사업이 모멘텀을 잃고 방황하게 되었다. 대규모 투자를 기획했지만 결정은 내려지지 않았다. 의미 없는 소극적인 투자와 지루한 사업기획과정만이 되풀이되었다. 거품이 빠져 버린 현실에서 실체는 없었다. 당시 한국의 바이오업계에는 선진기술을 가진 전문가도 없었고 신약개발을 경험해본 인력들도 드물었다. 세계 수준의 생산시설은 말할 것도 없었다. 모든 것을 그저 없었던 것으로 하자는 것 같았다. 이제 막 산업계에 발을 들여놓은 나에게 이러한 상황반전은 큰 충격이었다. 그 후 의미 없이 반복되던 나의 일상은 미래를 고민하게 만들었다. 다 포기하고 이런 상황에 순응하며 살아가야 할지 아니면 내가 꿈꾸었던 것을 이루기 위해 이곳을 떠나야 할지 결정해야 했다. 결코 포기할 수 없었던 나는 큰 결심을 했다.

"그래, 더는 지체하지 말자. 큰물로 나가 제대로 배워 보자."

이렇게 나는 무작정 미국행을 결심했다. 미국 바이오 회사에 취직해 보겠다는 꿈으로 지원서를 내기 시작했다. 하지만 한국이라는 아시아의 작은 국가에서 오는 신참내기를 받아줄 회사가 있을 리 없었다. 100여 통의 이력서를 넣고서야 '큰물에는 바로 뛰어들 수 없다'는 것을 깨달았다. 결국 큰물로 나갈 수 있는 '도랑'을 거칠 수밖에 없었다. 어쩔 수 없이 우선 학교로 돌아가 박사 후 과정을 밟기로 했다.

한때 말쑥한 모습의 바이오사업 기획가의 모습을 꿈꾸던 나는 다시 실험가운을 걸치게 되었다. 그래도 나를 연구원으로 받아주겠다는 연구실이 있다는 것이 감사했다. 존스홉킨스 Johns Hopkins 의대였다. 미국의 선진 의학, 약리학 기술을 가늠해볼 수 있는 기회이기도 했고 개인적으로도 더없는 영광이었다. 박사 후 연구원치고 꽤 괜찮은 조건의 자리였다. 그러나 내가 국가 바이오테러 방어전략의 일환인 프로젝트에 채용이 된 것을 나중에야 알았다. 나의 꿈 같은 시절을 종식시켰던 9/11테러와 탄저균 테러가 결국 나에게 자리를 마련해준 꼴이라니 이런 아이러니가 있을까?

존스홉킨스 대학은 워싱턴DC로부터 한 시간 정도 떨어져 있는 볼티모어시에 위치했다. 그 때문에 워싱턴DC 근교에 자리 잡고 있는 정부 연구소나 규제허가기관들과 교류가 많았다. 이러한 조건은 미국의 의료 및 보건에 있어서 바이오산업의 위상을 파악하는 데 많은 도움이 되었다.

그곳에서 백신연구와 새로운 기술에 대한 경험을 했지만 마음과 귀는 늘 학교 밖으로 향해 있었다. 빨리 학교를 벗어나 산업계로 나가야 한다는 생각이 가득했다. 다시 산업계로 돌아가기 위해 채용응시를 멈추지 않았다. 밤마다 이력서를 써보내며 연락이 오길 기다렸다. 인터뷰에 인터뷰를 거치며 마음 졸이며 결과를 기다렸다. 준비하는 자에게 결국 기회는 찾아오는 법인가. 미국 제약 회사 중 이제 막 바이오 의약사업을 시작하는 브리스톨마이어스스큅Bristol-Myers Squibb(이하 BMS)으로부터 연락을 받았다. BMS는 당시 처음으로 자체 개발한 바이오 의약제품의 허가를 받기 위해 전력투구하고 있었다.

꿈에 그리던 미국 바이오산업계에 입성하게 된 나는 그동안 상상만 해왔던 바이오산업의 실체를 맛볼 수 있었다. 그리고 오늘날 나는 바이오 의약품의 품질분석 부문을 맡고 있으며 신약개발에 투입되어 단위 프로젝트들을 이끌고 있다.

미래 부의 지도는 어떻게 바뀔 것인가

미국에서 바라보는 대한민국은 자신감에 넘쳐 있다. 반도체, 자동차, 철강 등의 산업을 앞세워 단군 이래 초고속 성장을 하고 있는 한국의 위상은 나라 밖에서 더욱 빛난다. TV나 신문에서 한국 기업의 활약상에 대한 뉴스를 발견하는 것은 이제 어려운 일이 아니다. 과거 한국 산업계에 몸담고 있었던 한 사람으로서 이런 뉴스를 접할 때마다 말할 수 없는 뿌듯함을 느낀다.

하지만 이런 모습에 안주할 수는 없다. 위기는 언제나 성공의 한구석에서 자란다. 과연 언제까지 이러한 상황이 지속될 수 있을까. 스마트폰에 무심했던 노키아가 오늘날 애플과 삼성에 밀려 시장점유율을 빼앗기고 있고 사장이 퇴진하는 사태까지 도달했다. 한때 세계 전자업계를 호령하던 일본 회사들의 목소리는 이제 들리지 않는다. 미국의 자동차산업의 모습은 더욱 처참하다. 제조업 중심의 중국과 인도가 맹렬한 속도로 한국을 추격하고 있다. 이들에게 언젠가 밥그릇을 빼앗길 것은 자명하다. 따라서 앞으로 무엇을 먹고살 것인지 걱정하지 않는다면, 미래를 준비하지 않는다면 현재의 자신감도 한때일 수밖에 없다.

그럼 한국은 미래를 어떻게 준비해야 할까? 무엇을 신성장동력으로 밀고 나가야 할까?

서브프라임 모기지로 인한 금융 공황에서 미국은 아직 벗어나지 못하고 있다. 이런 상황에서 희한하게도 큰 영향을 받지 않고 순항하고 있는 분야가 있으니 바로 바이오산업이다. 바이오산업은 미국 대부분의 기업이 중국으로 생산거점을 옮기고 자동차산업마저 주저앉은 오늘날에도 중국, 인도가 감히 넘보지 못하는 분야다. 인구의 고령화와 기초의약학기술의 발달로 건강에 대한 관심이 꾸준히 증가하면서 최근 수년간 의료분야에서 가장 눈에 띄게 도약하고 있다. 2009년을 기준으로 약 천억 달러의 시장을 형성하고 있는데 이는 전 세계 메모리 반도체 시장의 두 배에 달하는 수준이다.

한국 기업들도 이런 상황을 잘 알고 있다. 한국의 바이오산업은 그동안 많이 성숙했고 2000년대 초의 무분별하던 상황과는 달라졌다. 코스닥의 바이오 대장주株라고 할 수 있는 셀트리온은 이미 세계 수준의 생산시설을 보유하고 있다(서울경제 2010년 2월 21일자). 삼성전자는 차세대 먹거리로 바이오와 에너지 분야를 선택했고 바이오시밀러에 2조가 넘는 돈을 쏟아 넣겠다고 선언했다(중앙일보 2010년 5월 11일자). 그밖에 한국을 대표하는 대기업들인 LG, SK, 한화 등이 이 분야에 너나없이 다시 뛰어들었다. 대한민국의 R&D를 맡고 있는 지식경제부 R&D전략기

획단도 최근 바이오 신약에 집중 투자할 것이라고 발표하였다(조선일보 2010년 7월 16일자). 한국 기업들은 바이오를 성장동력으로 인식하고 있고 바이오산업의 도약을 위해 10년 만에 재시동을 걸고 있다.

이 책은 미래 부의 지도를 바꿀 신성장동력인 바이오산업을 소개하기 위한 책이다. 여기에서 소개하고자 하는 것은 바이오 기술이 아닌 '바이오산업의 현장'이다. 지난 십여 년간 소위 바이오산업의 최전방이라고 할 수 있는 미국에서 필자가 듣고 봐온 거대 바이오기업들의 과거와 현재의 이야기를 소개하려 한다. 제1부에서는 바이오산업의 역사와 그 속에서 활약했던 기업들의 비즈니스 모델, 성공사례를 파헤쳐 본다. 제2부에서는 바이오와 관련해 한때 큰 화제가 됐던 이야기들을 소개한다. 제3부에서는 바이오산업을 정의하고 바이오산업의 인적자원과 커리어 개발에 대해 설명하였다.

일반적으로 '바이오'라고 하면 의약, 진단, 식품 등 아주 넓은 범위를 포함하고 있다. 이 책은 그중 가장 큰 시장을 형성하고 있으며 관심과 파급효과가 큰 바이오 의약(치료용 단백질, 백신)을 주제로 한 책이다. 이 부분은 독자들의 이해를 구한다.

국내에 소개되어 있는 바이오 관련서적들은 기술서나 번역서가 대부분이라 배경지식이 없는 일반독자들에게는 낯설고 정서적으로도 이해하기가 힘들다. 이 책에서 필자는 바이오산업의 도우미로서 누구나 이해할 수 있도록 쉽게 풀어 설명하고자 노력하였다. 따라서 일반인들과

학생들도 이해할 수 있는 바이오산업 소개 도서가 되었으면 한다. 이 기회를 통해 좀 더 많은 사람들이 바이오라는 낯설지만 매력적인 산업을 피부로 느끼기를 기대한다.

이 책의 가능성을 보고 선택해주신 김선식 다산북스 사장님과 이혜원 편집자님께 감사를 드리고 싶다. 꿈에 도전할 수 있도록 사랑과 지원을 아끼지 않으신 아버지와 어머니 그리고 장인, 장모님께 감사를 드린다. 또 책이 나오기까지 헌신적으로 뒷바라지를 해준 아내 정지균에게 말로 다할 수 없는 사랑과 고마움을 표하고 싶다.

끝으로 이 책이 대한민국 바이오산업에 작은 밑거름이나마 될 수 있기를 진심으로 소망한다.

차례

제1부 바이오산업의 초일류 기업들

1. 제넨텍 이야기 | 25

제2부 바이오산업의 이슈와 스캔들

제3부 에필로그

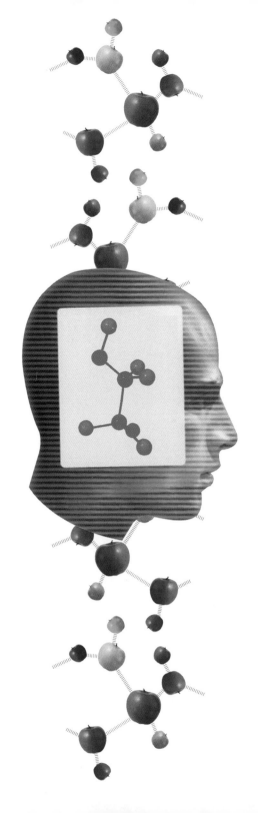

제1부

바이오산업의
초일류 기업들

제1장

제넨텍
이야기

Bioindustry

젊은 벤처캐피탈리스트와
뚱뚱한 과학자의 만남

기업의 탄생 설화

기업이 처음 설립될 당시의 상황은 언제나 흥미롭다. 창업에 얽힌 이야기나 후일담 또한 호사가에게 빼놓을 수 없는 즐거움이다. 세계적인 회사의 창사 배경을 눈여겨보면 재미있는 이야기거리가 있게 마련이다.

스탠포드대학 전기공학과 동기생이었던 빌 휴렛과 데이브 팩커드는 대공황 당시 팔로알토의 한 허름한 차고에서 사업을 시작했다. 그들은 동전을 던져 회사명을 휴렛팩커드로 할지 팩커드휴렛으로 할지 결정했다는 이야기가 전해온다. 결국 이름은 휴렛팩커드(오늘날의 HP)로 결정되었다. 이 회사는 실리콘밸리의 역사를 여는 주역이 되었다.

컴퓨터 게임회사에 근무하던 스티브 잡스는 동료 스티브 워즈니악, 로널드 웨인과 1976년에 애플컴퓨터를 설립하였다. 이들 중 웨인은 자신이 가지고 있던 애플의 지분 10%를 잡스와 워즈니악에게 단돈 8백 달러에 팔아 버렸다. 6년 후 애플사의 매출은 수십 억 달러에 달했고 웨인이 판 지분은 무려 15억 달러의 가치에 달했다고 한다. 행운의 여신이 피해가면서 웨인은 억만장자가 될 수 있었던 기회를 놓친 것이다. 웨인은 언론사와의 인터뷰에서 그러한 결정에 대해 후회하지 않는다고 했단다. 그러나 '애플'이라는 단어를 들을 때마다 그의 속이 어찌 아니 쓰릴 수 있을까? 이렇게 현대 첨단산업의 태동기에는 재미있는 이야기가 산재해 있다. 이 책에서 다루는 현대 바이오산업에도 흥미진진한 태동기가 있었다.

바이오산업을 논하면서 결코 지나칠수 없는 기업이 있다. 제넨텍 Genentech이라는 회사다. 제넨텍은 최초의 바이오기업은 아니었다. 그 이전에 시터스Cetus라는 바이오기업이 설립되었고 나스닥에도 이미 상장되었다. 오늘날 광범위하게 사용되고 있는 유전자증폭기술인 폴리머라제 연쇄반응법Polymerase Chain Reaction(PCR)은 시터스에서 케리 멀리스Kary Mullis가 처음 개발하였다. 그러나 시터스가 상업적으로 성공하지 못하고 사라졌던 반면 제넨텍은 바이오 역사상 가장 큰 성공을 거둔다. 제넨텍은 2009년 6월 다국적 제약사 로슈Roche에게 인수되기 전까지 매출 93억 달러(약 11조 원), 순이익 21억 달러(약 2.5조 원), 나스닥 시가총액 천억 달러라는 어마어마한 규모의 바이오 회사로 성장하였다. 뿐만 아니라 2009년까지 〈포천Fortune〉이 발표한 미국에서 '가장 존경받는 회사'와 '가장 일하고 싶은 회사' 랭킹에 오르는 영예를 차지하기도 하였다.

밥 스완슨

오래전 필자는 제넨텍의 입사면접을 보기 위해 남샌프란시스코에 방문할 기회가 있었다. 제넨텍의 역사와 업계에서의 위치를 너무나도 잘 알고 있었기에 면접을 보는 자체가 커다란 영광이자 각별한 의미가 있었다. 물론 아쉽게도 인연이 닿지 않아 그곳에서 일할 기회는 없었으나 면접을 통해 제넨텍의 현황을 두 눈으로 확인할 수 있었던 소중한 기회였다.

가히 살인적인(?) 면접과정을 무사히 마친 나에게 내가 지원한 부서의 그룹장을 맡고 있던 로드는 근처에 있는 '카페 디탈리아'라는 이태

밥 스완슨

리음식점에서 같이 저녁식사를 하자고 제안하였다. 면접의 일부라 불편하기 그지없던 점심식사와는 달리 저녁식사는 비교적 편한 마음으로 먹을 수 있겠다는 생각에 긴장이 풀리기 시작했다. 내내 고리타분한 기술적인 이야기만 나누었던 우리였기에 편한 주제로 돌려보기 위해 나는 로드의 차에 올라타면서 그에게 물었다.

"이 회사에 오래 계셨으면 밥 스완슨도 보셨겠네요?"

"그럼요. 그 사람하고 같이 주말에 테니스도 쳤지요."

정년퇴임을 눈앞에 두고 있는 로드는 제넨텍의 초창기 멤버이자 몇 안 되는 제넨텍 역사의 산증인이었다.

"그때는 연구원들이 몇 명 없을 때였고 회사 건물이래 봐야 이쪽 창고 쪽 건물 한 동 뿐이었어요."

로드는 오래된 시멘트 건물을 가리키면서 말했다.

밥 스완슨Robert Swanson(BOB은 로버트의 애칭)은 제넨텍에서뿐 아니라 바이오산업계의 신화적 인물이다. 그의 흔적은 벤처캐피탈의 명가 클라이너퍼킨스Kleiner Perkins Caufield & Byers의 연혁이나 MIT 경영대학원 웹사이트에서도 찾아볼 수 있다. 그는 미국 바이오 국제회의에서 수여하는 바이오테크놀로지 공로상을 받은 몇 안 되는 저명인사 중 한 사람이기도 하다. 그가 창업한 제넨텍에 가면 그의 기념물을 만나볼 수 있다.

그는 스웨덴 이주민의 후손으로 뉴욕 브루클린에서 태어났다. 항공사에 근무하던 아버지를 따라 그의 가족은 플로리다 마이애미에 정착하여 그곳에서 유년시절을 보냈다. 수학과 과학에 뛰어난 재능을 보였던 스완슨은 1965년 명문 메사추세츠 공과대학^{MIT}에 입학하게 된다. 그는 위대한 화학자를 꿈꾸며 낭만이 가득한 보스턴에서 대학 학창시절을 시작했다.

3학년을 마친 그는 델러웨어 주 윌밍턴에 있는 허큘리스^{Hercules}라는 화학 회사에서 인턴생활을 경험하였다. 인턴 기간이 끝날 때쯤 스완슨은 자신의 진로에 대한 생각이 많이 달라져 있음을 느꼈다. 자신이 사람들과 함께 있는 것을 무엇보다도 좋아한다는 것을 깨달았다. 실험실에 틀어박혀 있는 화학자가 어울리지 않는다는 것을 발견하게 된 것이다. 사람들을 상대하는 '비즈니스'를 하기 위해 4학년이 된 스완슨은 경영학 석사^{MBA}를 목표로 알프레드슬론 경영대학원 강의를 동시에 수강했다. 1969년 그의 동급생들이 졸업할 때 그는 학교에 남아 경영대학원 수업에 열심을 쏟고는 다음해 1970년, 개교이래 최초로 화학과 학사와 경영학 석사를 동시에 취득하게 된다.

MIT에서의 학창생활을 통하여 그가 극복해낼 수 있었던 것은 '과학에 대한 두려움'이었다. 그는 아무리 난해한 과학적 내용이라도 노력하면 이해할 수 있다는 자신감이 있었다. 그리고 해법은 전문가들에게서 찾으면 된다고 생각했다. 전문가들은 자신의 분야에 대해 비전문가가 이해 할 수 있는 언어로 설명할 수 있다고 믿었다. 이러한 그의 철학은 훗날 전공이 다른 자신이 이해하기 쉽지 않았던 분자생물학적 기술을 사업으로 연결시키는 데 중요한 모티브가 되었다. 결국 그는 여느 벤처 캐피탈리스트들이 시도하지 못한 일을 할 수 있게 되었다.

벤처캐피탈로 진출하다

MIT의 알프레드슬론 경영대를 졸업한 스완슨은 시티그룹에 첫 직장을 잡게 되었다. 벤처캐피탈이라는 개념이 세상에 채 알려지기 전인 1970년, 스완슨은 시티그룹의 벤처캐피탈 부서로 발령받게 되었고 샌프란시스코행 비행기에 오른다. 당시 캘리포니아는 제2의 골드러쉬를 맞고 있었다. 상아탑의 기술이 자본을 만났고 수많은 기술 관련 업체들의 창업으로 이어졌다. 당시 미국 전체 창업투자자금의 3분의 1이 이곳에 뿌려졌다. 그에 따라 수많은 회사들이 주식상장의 열풍 속에 있었다.

  스완슨은 당시 돈으로 약 1억 달러의 자금을 운용하면서 캘리포니아 지역에서 개발되는 신기술과 벤처업체에 투자했다. 그렇게 5년이라는 시간을 보내면서 그는 회사가 세워지고 운영되는 모든 과정을 보게 되었다. 그의 꿈은 언젠가 자신의 회사를 세우는 것이었다. 하지만 기회는 다른 모습을 하고 나타난다고 했던가. 스완슨은 당시로는 신생 벤처캐피탈 회사였던 클라이너퍼킨스Kleiner Perkins의 파트너 중 한 사람인 유진 클라이너를 만나게 되었다. 스완슨과 함께 동일한 업체에 투자하고 있던 클라이너는 스완슨에게 스카우트를 제의했다. 자신의 회사를 창업하는 것이 꿈이었던 스완슨은 클라이너퍼킨스에 들어가 본격적으로 사업구상을 시작한다.

스완슨이 관심을 가지고 있던 것은 다름 아닌 '유전자재조합기술 Recombinant DNA technology'을 이용한 사업이었다. 오늘날 학계와 산업계를 망라하여 보편적으로 구사하고 있는 유전자재조합기술은 스탠포드대학의 스탠리 코헨Stanley Cohen과 캘리포니아 주립대학 샌프란시스코 분교의 허버트 보이어Herbert Boyer 교수에 의해 공동개발되었다.

보이어 교수는 1972년 하와이에서 개최된 학회에서 소위 'DNA를 자르는 가위'로 불리는 제한효소Restriction Enzyme로 특정한 DNA를 잘라 다른 DNA에 연결(이식)시키는 기술에 대한 연구결과를 처음 발표하였다. 같은 학회에 참석했던 코헨 교수는 그 발표를 듣고 보이어 교수를 만나 자신의 관심 분야인 플라스미드Plasmid, 즉 유전자 전달체(다른 유전자를 끼워서 전달, 발현)에 대한 연구를 소개하고 두 기술을 합치면 흥미로운 연구가 이루어질 수 있다는 생각을 나누었다. 보이어와 코헨은 그날 와이키키 해변가에서 의기투합하여 공동연구를 계획하였다. 이듬해 11월 외부유전자를 플라스미드에 접합시켜 대장균에서 발현(생산)하는, 이른바 유전자재조합기술의 최종 완성판이라고 할 수 있는 연구결과를 〈미국국립과학학술원회지Proceedings Of National Academy Of Science〉에 발표하게 된다.

스완슨은 바로 이 신기술을 사업화하고자 벼르고 있었다. 전공자가 아니었던 스완슨은 이 기술의 효용성을 좀 더 파악하고자 교수들, 연구원 그리고 기업가들의 의견을 구했다. 이 기술에 대해 아는 사람들은 한결같이 가능성을 높이 샀다. 그러나 아무도 이를 상업화에 연결하려는 사람들은 없었다. 아직 기술적으로 성숙하지 못했다는 평가 때문이었다.

허버트 보이어와의 역사적 만남

스완슨은 이 기술을 확보하고 있을 만한 전문가들의 명단을 작성하고 직접 연락하여 접촉하려는 계획을 세웠다. 그리고 그 열쇠를 쥐고 있을 만한 보이어 교수에게도 직접 다이얼을 돌렸다.

"여보세요?"

"… 여보세요?"

낮은 톤의 남자 목소리가 들렸다.

"허버트 보이어 박사님이십니까?"

"네, 전데요."

"안녕하세요. 박사님. 이제 통화가 되었네요. 저는 벤처캐피탈 클라이너퍼킨스의 로버트 스완슨이라고 합니다."

"그러십니까? 무슨 용건이신지요?"

"네, 클라이너퍼킨스는 벤처캐피탈 회사입니다. 새로운 기술에 투자하는 일을 하고 있는데 박사님께서 개발하신 기술에 관심이 있어서 연락을 드린 겁니다. 박사님 연구에 대한 기사를 읽었습니다."

"네, 그렇군요."

보이어 교수는 벤처캐피탈이라는 것이 무엇인지 알지 못했다.

"요즘 유전자재조합기술에 대해 전문가들을 만나서 의견을 여쭙고 있었습니다. 혹시 박사님께서 시간을 좀 내주실 수 있을까 해서 전화를 드렸습니다. 말씀을 나누고 혹시 저희와 방향이 맞으시면 박사님께서 하고 계신 연구를 지원해 드릴 수도 있습니다."

연구비를 지원한다는 말에 귀가 트였으나 보이어 교수는 약간 튕기는 듯이 말했다.

"글쎄요. 제가 요새 좀 바빠서……."

"잠깐이라도 괜찮습니다. 10분만이라도 좋습니다. 여쭙고 싶은 내용도 있고 도와 드릴 만한 것이 없을까 해서요."

"으음, 좋습니다. 금요일 5시 정도 어떻습니까?"

"저는 언제든 좋습니다. 그럼 금요일날 뵙죠."

허버트 보이어 교수 최근 모습

© 2009 Jane Gitschier, PLos Genetics, 5(9) e1000653

역사적 만남이 이루어지는 순간이었다. 캘리포니아주립대학 샌프란시스코 분교UCSF는 의과대학 중심의 캠퍼스다. 스완슨은 의대 기초과학 연구소가 위치해 있는 파나서스Parnassus 캠퍼스를 찾았다. 깔끔한 검은 정장에 빨간 실크 넥타이를 매고 말쑥한 모습으로 자신을 찾은 스완슨을 보고 보이어는 자신의 제자뻘밖에 되지 않는다는 것을 알 수 있었다. 스완슨은 단도직입적으로 유전자재조합기술을 사업화시키고 싶다고 이야기했다. 의약용으로 쓰일 수 있는 단백질을 대량생산하는 방식을 설명했다. 신기하게도 보이어 또한 이런 아이디어를 홀로 생각하고 있었다.

"나도 산업화에 관심은 있지만 아직 많이 알아보지는 못했어요. 한 제약 회사 관계자와 얘기를 한 적이 있는데 당신이 얘기하는 것처럼 아직 실용화가 이르다고 생각되는지 전혀 관심이 없더군요. 대신 마일즈 연구소Miles Laboratory에 제한효소를 생산하기 위한 논의를 해본 적이 있어요. R1 핵산절단효소endonuclease를 생산하기 위한 것이었죠. 하지만 좀 더 고려하는 중이에요."

보이어는 신중한 어조로 말했다.

도원결의 桃園結義

서로 생각이 비슷해 호감을 느낀 보이어는 스완슨에게 자신이 자주 가는 맥주집에 가서 이야기를 계속하자고 제안하였다. 대화에 진전이 있다는 것을 느낀 스완슨은 흔쾌히 보이어를 따라 나섰다. 이렇게 해서 두 사람의 10분 대화 약속은 샌프란시스코 시내에 있는 클레멘트 가 Clement Street 의 처칠스바 Churchill's Bar 라는 맥주집에서 이어지게 되었다. 스완슨은 자신의 아이디어를 좀 더 구체적으로 설명하였다.

"박사님. 쉽게 이야기해서 인슐린 같은 단백질 말입니다. 모두 돼지의 췌장에서 뽑아내고 있는 것 아시죠? 제가 미국 육가공협회에 전화를 해서 물어봤더니 돼지 췌장 1파운드에 1.5달러 정도 하더군요. 일라이릴리 Eli Lilly 는 8천 파운드의 췌장을 갈아서 고작 1파운드의 인슐린을 얻어낸답니다."

스완슨은 침을 튀기면서 이야기를 이어갔다.

"그런데도 일라이릴리는 인슐린으로만 연간 무려 4억 달러라는 매출을 벌어들이고 있습니다. 만약 인슐린을 유전자재조합기술로 쉽게 만들 수만 있다면 더는 무식한 방법을 쓸 필요가 없지 않겠습니까?"

스완슨의 원가를 바탕으로 한 분석은 학자인 보이어에게는 무척 신선하게 느껴졌다. 곧이어 스완슨은 성장호르몬 이야기를 꺼냈다. 공교롭게도 당시 보이어의 큰아들은 왜소증을 앓고 있었기 때문에 보이어는 스완슨의 이야기에 귀를 귀울일 수밖에 없었다.

스완슨은 어떻게 샌프란시스코의 벤처캐피탈계에 발을 내딛게 되었는지 그리고 그동안 보이어의 논문과 여러 가지 자료를 섭렵하면서 느꼈던 점, 새로운 분야에 대한 꿈과 설레임에 대한 이야기까지 쏟아 놓았다. 스완슨에게는 패기가 있었다. 보이어의 관심은 벤처캐피탈에서 스완슨의 젊음과 패기로 옮겨가고 있었다. 그리고 자신의 연구를 주제로 아주 현실적으로 접근해가는 스완슨의 모습에 흥미를 느꼈다. 그의 이야기를 듣는 내내 보이어는 미소를 잃지 않았다. 이렇게 두 사람의 대화는 마치 서로를 오랫동안 그리워했던 파트너처럼 이어졌고 웃음소리와 흥분으로 가득 찬 목소리가 저녁내내 처칠스바를 메웠다.

1976년 1월 17일 그날에 있었던 두 사람의 평범한 만남은 석 달 후 제넨텍Genentech(GENE AND TECHNOLOGY의 줄임)이라는 바이오기업의 창업으로 이어진다. 스완슨과 보이어는 5백 달러씩 투자하여 회사를 설립하였고 그 후 클라이너퍼킨스 등을 포함한 타 기업으로부터 투자를 받았다. 드디어 스완슨은 28세라는 젊은 나이에 꿈에 그리던 자신의 회사를 설립하게 된 것이다.

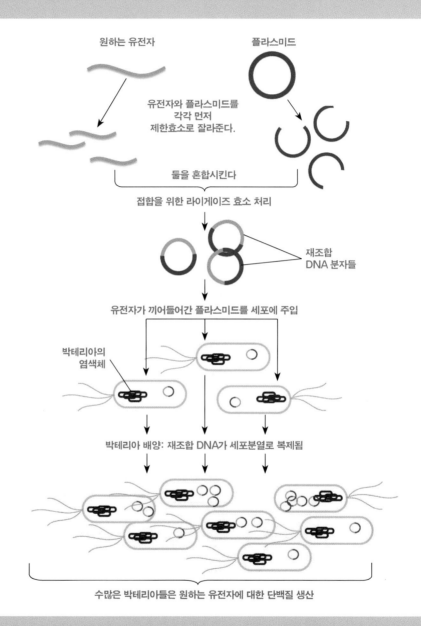

원하는 유전자

플라스미드

유전자와 플라스미드를
각각 먼저
제한효소로 잘라준다.

둘을 혼합시킨다

접합을 위한 라이게이즈 효소 처리

재조합
DNA 분자들

유전자가 끼어들어간 플라스미드를 세포에 주입

박테리아의
염색체

박테리아 배양: 재조합 DNA가 세포분열로 복제됨

수많은 박테리아들은 원하는 유전자에 대한 단백질 생산

BIO TECHNOLOGY

유전자
재조합
과정

유전자재조합은 종이를 가위로 잘랐다가 풀로 다시 붙여 잇는 과정과 같은 개념이다. 이때 '가위' 역할은 제한효소Restriction Enzyme가 하고 '풀'의 역할은 라이게이즈Ligase라는 효소가 한다.

제한효소에는 여러 종류가 있다. 유전자재조합과정에서는 원하는 유전자와 플라스미드Plasmid에 같은 제한효소를 가해주어야 한다. 그리고 라이게이즈를 넣고 둘을 섞으면 유전자와 플라스미드가 이어진다. 이 과정은 모두 시험관 내 액상에서 일어난다. 따라서 우리의 눈에는 전혀 보이지 않고, 각 과정의 결과들을 '전기영동'이라는 분석법을 이용하여 확인할 수 있다.

새로 접합이 된 재조합 플라스미드 DNA를 대장균과 혼합시킨 후 온도 변화Heat Shock를 가하면 DNA는 대장균의 세포막을 통과하여 세포 내로 들어간다. 이 대장균을 특수 배지에서 키우면 플라스미드가 있는 대장균만 선별할 수 있다. 대장균들이 세포분열로 개체 수가 늘어나면서 세포 내의 플라스미드도 복제가 된다. 이후 살아남은 대장균을 풍부한 영양분이 있는 배지에서 다시 배양하면 대장균이 고농도로 자라면서 원하는 단백질을 대량으로 만들어낼 수 있다.

성공적인
비즈니스 모델

위탁연구 방식

스완슨과 보이어가 제넨텍으로 법인 등록을 하고 가장 처음 추진한 것은 바로 '위탁연구Contract Research'였다. 위탁연구란 외부기관에 돈을 주고 연구를 맡기는 것이다. 제넨텍이 좋은 아이디어를 확보하고 있긴 했지만 그것이 과연 실현될 수 있을지는 미지수였다. 무턱대고 연구시설을 차리고 인력을 뽑았는데 아이디어가 생각했던 대로 현실화되지 않는다면 그것으로 끝장이었다. 스완슨은 MBA 출신답게 리스크를 최소화하기 위해 위탁연구로 프로젝트를 시작하였다.

우선 스완슨은 보이어 교수의 소개로 DNA합성기술을 가지고 있던 연구책임자들에게 위탁연구를 제의하였고 동의를 받아냈다. 그리고 나서 재조합 단백질 의약품에 관한 비즈니스 모델을 가지고 투자 유치 자료를 만들었다. 가장 먼저 찾아간 곳은 친정회사인 클라이너퍼킨스였다. 자료조차 제대로 준비되지 않은 사업설명회였다. 그러나 클라이너퍼킨스는 스완슨을 신뢰했고 또 기술의 희소가치를 높이 평가하여 10만 달러 투자를 약속하고 25%의 지분을 받기로 했다.

이 초기자금으로 스완슨은 위탁연구에 동의한 연구책임자들에게 공식적으로 인간성장호르몬 연구를 의뢰했다. 좀 더 구체적으로 말하자면 인간성장호르몬 생산을 위한 대장균 균주를 만드는 프로젝트였다. 당시 DNA합성기술을 가지고 있던 시티 오브 호프^{City of Hope}병원의 연구팀과 DNA의 재조합(잘라진 유전자를 원하는 위치에 다시 붙이는)기술을 보유한 보이어 교수 연구팀이 수주를 받았다. 사실 보이어 교수와 그의 공동연구팀은 진작에 이러한 아이디어를 가지고 미국립보건연구원^{NIH}에 3년짜리 연구비를 신청한 전력이 있었다. 그러나 연구신청서 심사 결과는 좋지 않았다.

'신청하신 연구프로젝트는 심사위원들의 심사결과 3년 이내 결과를 내기 어렵다고 판단되오니 다른 장기 프로젝트를 찾아 응시하시기 바랍니다.'

다음에 다시 응시하라는 내용이었지만 실은 '그런 연구가 성공을 할 수 있다고 생각하느냐?' 였다. 그러나 이제는 자체조달한 위탁연구비로 마음 편하게 연구에 몰두할 수 있었다. 한편으로 반드시 성공해야 한다는 부담감도 있었다. 실패하면 제넨텍이고 뭐고 모두 없던 것이 되기 때문이다.

위탁연구는 예상과는 다르게 그리 쉽게 진행되지 않았다. 성장호르몬의 유전자를 대장균에 주입했지만 발현이 되지 않았다. 연구원들은 성장호르몬 유전자에 다른 유전자를 부가적으로 붙이는 등 기존에 없었던 온갖 기술을 무차별적으로 적용했다.

스완슨은 긴장하기 시작했다. 그는 '내 커리어가 여기서 끝장 나는구나.' 하는 섣부른 걱정까지 했다. 그동안 쌓인 피로로 몸도 마음도 많이 지쳤지만 그는 포기하지 않았다. 갖은 시도와 시행착오 끝에 결국 단백질 발현에 성공하는 데에는 놀랍게도 불과 7개월이라는 시간이 걸렸을 뿐이었다. 3년으로는 어림도 없다고 거절했던 NIH의 코를 납작하게 눌러주었다.

그동안 말할 수 없는 긴장과 불안에 떨고 있던 스완슨은 쾌재를 불렀다. 이제 기술에 대한 뚜렷한 확신을 갖게 된 스완슨은 곧바로 회사 사무실을 알아보기 시작하였다. 그리고 당시 물류창고로 사용되던 산업단지에 겨우 공간을 마련했다. 이곳이 바로 오늘날 남샌프란시스코의 제넨텍 본사 부지다.

세기의 경쟁 – 인슐린 개발

한시도 지체하지 않고 스완슨은 곧바로 연구원들을 속속 채용하기 시작했다. 연구원들은 대개 지금까지 위탁연구를 수행해왔던 연구원들에 더해 똑똑하기로 이름이 난 주변 연구실의 연구원들을 스카우트했다. 이제 막 학교를 나선 풋내기 연구원들이었지만 스완슨은 이들의 능력을 높이 사 직접 전화를 걸고 근사한 레스토랑에서 저녁을 사는 등 갖은 호의를 베풀며 입사제의에 대한 확답을 이끌어냈다.

이윽고 스완슨의 진두지휘로 두 번째 연구과제인 인슐린의 생산을 추진하게 되었다. 이제는 위탁연구가 아닌 자체적인 연구였지만 인슐린의 개발은 그들만의 연구과제는 아니었다. 하버드대학 교수이자 노벨상 수상자인 월터 길버트$^{Walter\ Gilbert}$ 박사 연구팀과 제약 회사 일라이 릴리가 지원하고 있던 스탠포드대학의 빌 러터$^{Bill\ Rutter}$ 박사 팀과 함께 경쟁하는 삼파전이었다. 이들의 치열했던 연구경쟁은 훗날 스테판 홀의 책《보이지 않는 선구자$^{Invisible\ Frontiers}$》라는 책에 소개되어 있다. 마치 스릴러소설 같은 이 책에 제넨텍의 활약이 돋보인다. 세기의 연구경쟁의 승리는 결국 제넨텍에게 돌아갔고, 그들은 연구결과를 세계적인 과학저널 〈네이처〉에 게재하였다.

두 번째 프로젝트의 성공으로 개발된 인슐린은 결국 로열티를 받고 일라이릴리에 매각한다. 일라이릴리는 이미 인슐린 시장을 장악하고 있었던 제약 회사였다. 임상실험 등 개발 경험이 요구되며 상업화 비용이 막대하게 소요될 것을 감안하면 라이센싱은 현명한 판단이었다. 대신 제넨텍은 첫 번째 제품이었던 성장호르몬을 자체개발하여 임상실험까지 진행하였다. 세 번째 과제였던 인터페론 감마는 로슈^{Roche}에 라이센스를 주었는데 로슈와의 은밀한 관계는 이때부터 시작된다.

나스닥에 입성하다

유전공학을 이용해 역사상 최초의 바이오 제품을 연거푸 내놓은 제넨텍은 투자자들의 주목을 받기 시작했다. 그리고 창업한 지 4년 만인 1980년 나스닥에 기업을 공개(상장)하게 된다. 이때 공모 규모가 무려 3천5백만 달러에 달했는데 역대 바이오로는 두 번째 규모의 기록이라고 한다. 기업공개를 위해 스완슨은 주관 증권사 관계자들과 함께 미국뿐만 아니라 유럽까지 로드쇼(기업설명회)를 감행하였다.

그리고 스완슨은 드디어 아내 주디와 고향 플로리다에서 결혼식을 올리기로 날짜를 잡았다. 대신 날짜는 계획되어 있던 유럽지역 로드쇼를 마친 후로 정했다. 그런데 로드쇼 기간이 돌발적으로 연기되어 결혼식을 하자마자 로드쇼를 떠나야 하는 상황이 발생했다. 그렇다고 일생에 한 번밖에 없는 신혼여행을 포기할 수는 없었다. 스완슨은 신부를 데리고 신혼여행겸 기업설명회를 떠나기로 결정한다. 불쌍한 신부는 매일 밤이 되어야 동료들과 함께 기진맥진해서 돌아오는 신랑을 맞이하는 신혼여행을 보내야 했다. 로맨틱 코미디 영화에서나 볼 수 있는 한 장면이 아닌가 싶다. 인기절정의 기업 공개에 못지않게 최고의 이해심을 가진 신부를 맞은 스완슨이야말로 진정한 행운아가 아닌가.

일취월장하는 제넨텍은 투자뿐만 아니라 협력, 공동사업화의 제안을 받게 된다. 한국에도 잘 알려져 있는 유리 회사 코닝^{Corning}과 합작하여 제넨코어^{Genencor}라는 효소 전문업체를 세우기도 했다. 이 회사는 그 후 덴마크의 식품 회사인 데니스코에 매각되었지만 아직도 산업용 효소로 꽤 이름이 알려져 있다. 스완슨의 멘토이자 휴렛팩커드의 창업자인 데이비드 팩커드 덕분에 제넨캠이라는 합작회사가 설립되기도 했다. 제넨캠은 의료진단사업을 펼쳤으나 그리 오래가지는 못했다. 그밖에도 수두룩한 합작회사가 설립되었지만 정작 재미를 봤던 회사는 제넨코어밖에 없었다.

전문경영인의 등장

회사의 규모가 점차 커지고, 1985년 인간성장호르몬이 FDA에 공식 승인을 받으면서 스완슨과 보이어는 경험 있는 마케팅과 영업부서의 필요성을 느끼기 시작했다. 아직도 그렇지만 제약 회사에게 영업력은 중요하다. 기술기반으로 성장해온 제넨텍은 이런 인프라가 있을 턱이 없었다. 스완슨은 이 기회에 제약 회사 경험이 있는 전문경영인을 CEO로 영입하기로 마음먹었다. 그리고 미국의 대형 제약사인 애보트^{Abbott} Laboratories의 영업 부문 출신인 커크 래브^{Kirk Raab}를 스카우트했다.

그런데 둘의 경영스타일은 완전히 달랐다. 스완슨은 '직관'에 의지하는 타입인 반면, 래브는 대기업 출신답게 '분석적'인 타입이었다. 이러한 관점과 스타일의 차이로 스완슨과 래브는 의사결정 문제로 자주 부딪쳤다. 설상가상으로 래브의 부임과 함께 제넨텍은 위기를 맞는다.

남샌프란시스코에 위치한 제넨텍 본사 사업장 공중촬영

© Roche

제넨텍 본사

© Roche

TPA라는 혈전 용해제가 문제였다.

제넨텍은 역시 유전공학적 기법을 바탕으로 TPA라는 의약용 단백질의 대량생산에 성공하였다. 그런데 대장균이라는 미생물을 이용하던 종전의 방식과는 달리 이번에는 동물세포를 통해 생산했다. 따라서 공정이 까다롭고 시설비가 막대하게 소요되었다. 그리고 판매를 시작할 때쯤 예상치 않았던 복병이 등장했다. 미생물에서 더욱 쉽게 추출한 스트렙토카이네즈^{Streptokinase}라는 제품이었다. 스트렙토카이네즈는 TPA보다 제조원가가 훨씬 낮을 뿐 아니라 기술장벽도 낮아 다른 제약 회사들이 쉽게 뛰어들어 생산할 수 있었다.

제넨텍은 스트렙토카이네즈와의 경쟁에서 이기기 위해 TPA의 약효가 우월하다는 전략을 폈다. 이를 입증하기 위해 제넨텍은 울며 겨자 먹기로 5천5백만 달러를 들여 4만여 명의 환자를 대상으로 대규모 임 상실험을 감행해야 했다. 결국 TPA의 효과가 약간 우월하다는 것이 알 려졌지만 그것으로 고가의 TPA가 값싼 스트렙토카이네즈를 이길 수는 없었다. TPA는 인슐린과 같은 블록버스터 대열에 끼지 못했고 투자비 도 회수하지 못해 큰 손해만 끼쳤다. 제넨텍에게는 처음 닥쳐온 커다란 위기였다. 지금까지는 승승장구했으나 생존을 위해서 자금을 추가로 확보할 수밖에 없었다.

로슈와의 밀월관계

이때 인터페론이라는 제품으로 관계를 유지하고 있었던 스위스의 제약 회사 호프만-라-로슈가 제넨텍의 새로운 제품들에 관심을 보이며 특 이한 제안을 해왔다. 로슈가 제넨텍의 지분 60%를 인수하면서도 경영 권 유지를 보장하겠다는 것이었다. 그뿐만 아니라 거의 어떠한 영향력 도 행사하지 않겠다고 했다. 대신 제넨텍 제품에 대한 판매권을 독점하 기로 하였고 공식적인 합병도 5년간 유예하는 것이 추가 조건이었다. 14년간 전력질주했던 스완슨도 개인적으로 전환기가 필요했다. 스완슨 은 결국 자신의 제넨텍 지분을 로슈에게 좋은 가격에 넘긴다. 그 액수는 당시 현금으로 6천7백만 달러에 달했다고 한다. 스완슨은 자신의 지분을 처분하면서 제넨텍의 경영일선에서 물러나 이사회 의장으로만 참여하게 된다.

그동안 회장인 스완슨과 밤낮으로 티격태격했던 CEO 커크 래브에게는 반가운 소식이 아닐 수가 없었다. 이제 자신의 스타일을 제넨텍에서 한껏 펼칠 생각이었다. 래브는 1995년 로슈와의 합병 유예를 4년 더 연장시키는 논의를 하였다. 이때 로슈에게 개인적으로 2백만 달러의 융자를 비밀리에 요청했다. 그런데 후에 이러한 사실이 사내에 공개되면서 그는 비난의 대상으로 떠올랐고 이사회의 거센 사퇴 압력을 받게 되었다. 결국 그는 불명예 퇴출을 당했다.

래브의 퇴출과 함께 차기 CEO로 떠오른 인물은 당시 연구소장이었던 아트 레빈슨Art Levinson이었다. 제넨텍에서 직장생활을 시작한 연구원 출신인 그를 두고 처음에는 많은 사람이 CEO로서의 자질에 대해 의문을 가졌다. 그러나 레빈슨은 불과 수년 만에 그런 의문을 보기좋게 불식시켜 버렸다. 레빈슨의 강력한 리더십으로 리툭산과 허셉틴이 FDA 승인을 받으며 TPA로 받았던 상처를 치유할 수 있었다. 또 로슈에 지분을 넘기면서 감당해야만 했던 쇼크도 많이 털어 버릴 수 있었다. 그는 과거 스완슨이 이끌던 기술 중심의 제넨텍을 다시 한 번 부활시킨 인물로 알려져 있다. 1999년 로슈는 제넨텍의 지분 17%를 매각하고 종전대로 60%로 유지하면서 레빈슨의 리더십에 더욱 힘을 실어주었다.

그리고 제넨텍의 진정한 황금기가 펼쳐졌다.

결국 제넨텍과 로슈와의 밀월관계로 제넨텍에게는 오히려 일종의 보호막이 생긴 셈이었다. 이러한 상황 덕분에 다른 대형 제약 회사들이 넘보는 일도 없었고 판매 영업에 대한 고민도 없었다. 사업 다각화가 필요했던 로슈에게도 제넨텍과의 관계는 절실했다. 어쨌든 로슈의 절대적인 지원과 협력으로 제넨텍은 약 15년간 태평성대를 이룩하며 폭발적인 성장을 하게 된다. 세계 최초의 바이오 회사라고 할 수 있는 시터스가 카이론에 매각된 후 제넨텍은 가장 오래된 원조 바이오 업체이자 가장 성공한 바이오 회사로서의 명성을 얻을 수 있었다.

스완슨은 1990년 제넨텍의 최고경영자 자리를 커크 래브에게 물려주었지만 그 후 제넨텍의 이사회 회장으로 한동안 계속 자리를 지켰다. 그러다가 1996년에는 제넨텍의 창업멤버 중 한 사람이자 뛰어난 과학자였던 데이빗 괴델David Goeddel과 함께 제2의 제넨텍을 꿈꾸며 툴라릭Tularik이라는 바이오 회사를 만들었다. 이렇게 해서 스완슨은 자신의 피와 땀이 서려 있던 제넨텍을 완전히 떠나게 된다. 그는 툴라릭의 대주주였지만 괴델에게 경영을 맡기고 K&E라는 벤처캐피탈을 설립하였다. 그리고 미래를 선도할 유망한 바이오 회사에 활발하게 투자하기 시작했다. 결국 벤처캐피탈리스트로 돌아간 것이다.

그러나 1998년 어느 날 스완슨은 교모세포종Glioblastoma이라고 하는 일종의 뇌종양 진단을 받는다. 그 후 14개월 동안 투병생활을 하다가 안타깝게도 1999년 12월 6일 세상을 떠난다. 짧은 생애였지만 바이오계에 뚜렷한 흔적을 남기고 간 스완슨은 향년 52세였다.

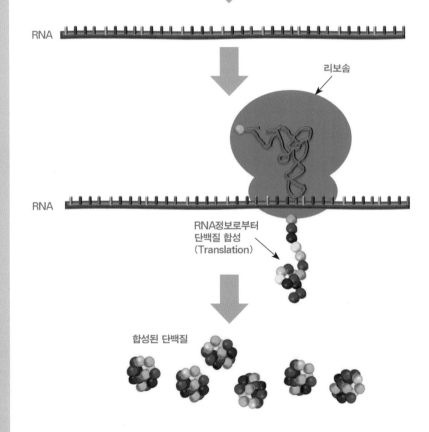

이중나선의 DNA

DNA정보가 RNA로 전사
(Transcription)

RNA

리보솜

RNA

RNA정보로부터
단백질 합성
(Translation)

합성된 단백질

BIO TECHNOLOGY
단백질의
합성과정

DNA로부터 단백질이 합성되는 과정은 마치 설계도를 바탕으로 자동차가 만들어지는 것과 유사하다. 그런데 여기서 우리가 인식해야 할 것은 DNA의 설계도가 단 한 장밖에 없다는 것이다. 따라서 다른 공간에서 복합적으로 동시에 작업을 하려면 설계도의 사본^{Copy}이 필요하다.

사본을 만들더라도 전체설계도의 사본을 만들 필요는 없다. 엔진에 대한 부분, 좌석에 대한 부분, 바디에 대한 부분, 즉 부분적으로 복사하여 따로 작업한다면 더욱 효율적으로 만들 수 있다. RNA는 그 부분적인 설계도 사본의 역할을 한다. DNA에서 필요한 정보만 RNA로 전사^{Transcription} 하면 된다.

이 사본 RNA을 바탕으로 조립라인에서 조립로봇(리보솜과 전달RNA 등)에 의해 부품(아미노산)이 단백질로 조립된다. 이 과정을 번역^{Translation}과정이라고 한다.

자연계에서 이와 같은 단백질 합성과정은 자동차공장의 조립과는 비교할 수 없을 정도로 섬세하고 복잡하다. 아직도 단백질 합성과정의 많은 단계는 신비 속에 가려져 있다.

성공적인
기업문화

바이오의 모범 사례, 제넨텍

제넨텍은 오늘날 바이오의 모범적인 사례로 많이 인용된다. 하지만 앞
서 말했듯 항상 좋았던 시절만 있었던 것은 아니었다. 고비도 있었고
행운이 따르기도 했다. 제넨텍의 황금기라면 아무래도 아트 레빈슨의
CEO 등극 이후일 것이다. 레빈슨 시대가 되어서야 제넨텍의 기술과
혁신이 크게 돋보였다.

그럼 제넨텍의 성공은 구체적으로 무엇을 말하는 것일까? 2009년 로
슈가 제넨텍 합병을 제시했을 당시 제넨텍 측에서는 자사의 유형적, 무
형적 가치를 설명하는 자료를 주주들에게 발표했다. 이 자료야말로 제

넨텍의 성공과 업적을 따져볼 수 있는 좋은 정보라고 생각된다. 다음은 자료를 간추린 내용이다.

제넨텍에 대한 팩트 시트 FACT SHEET

- 2008년 매출액: 134억 달러
- 2008년 순이익: 34억 달러(이익률: 25.5%)
- 순이익 연간증가율: 40%(2008년 최근 3년 기준)
- 항암제 판매 순위: 1위(미국 내)
- 판매 중인 제품 수: 15개
- 임상후보 제품 수: 23개
- 우수 인력 확보: 하워드휴즈 연구책임자 출신 세계 최상급 과학자 4명 보유
- 연간 논문 게재 수: 191.5편/년(최근 8년간 평균)
- 연간 최고급 논문 게재 수: 6.4편(〈사이언스〉, 〈네이처〉, 〈셀〉)
- 특허출원 수: 2008년 미국 바이오 관련 특허출원 수 1위(2위: 캘리포니아대학, 3위: 미국정부)
- 〈포천〉 선정 가장 인기 있는 회사 Best Employer 3년 연속 선정(2006년 1위)
- 〈사이언스〉 선정 가장 인기 있는 회사 Best Employer 3년 연속 2위권 내
- 혁신적인 의약품으로 꼽히는 제품: 허셉틴, 아바스틴

먼저 매출을 살펴보면 달러 환율을 10대 1로만 봐도 매출이 원화로 13조 원, 순이익이 3조 원이 넘는 것을 볼 수 있다. 이익률이 25%라는 것은 매출의 4분의 1이 고스란히 이익으로 남는다는 말이다. 제조업은

말할 것도 없거니와 제약계에서도 이러한 이익률은 아주 보기 드물다. 이것은 항암제 제품 1위를 고수하고 있는 아바스틴이라는 제품 덕이다. 암이 생겨 몸에 퍼지는 것을 '전이'라고 하며 이 전이 현상은 암세포에 의한 혈관생성에 의해 일어난다. 아바스틴은 특이하게 혈관생성을 억제하는 치료용 항체다. 사실 혈관생성 억제제는 그동안 소분자의 화합물로 만들려던 시도가 많았으나 대부분 실패했다. 그러니 치료용 항체가 이런 뛰어난 효과를 나타내리라고 누가 기대했겠는가?

하워드휴즈Howard Hughes 연구소들은 미국 하워드휴즈 재단에서 지정하고 막대한 재정적 지원을 하는 초일류 연구팀이다. 그리고 그 연구책임자급이라면 가히 세계에서 손에 꼽히는 과학자라고 할 수 있다. 제넨텍이 이런 수준의 연구책임자급을 영입한 덕에 연간 게재하는 논문 수가 웬만한 미국 명문 종합대학 수준에 버금가며 그 연구의 내용 또한 최고급 논문에 게재될 정도다. 특허출원 수를 보더라도 정말 놀랍다. 물론 그 기준은 기초과학이 아닌 응용과학적 연구지만 미국의 정부출연 연구소들(NIH 포함) 전체를 능가한다. 몇 배 규모가 되는 다국적 제약 회사도 따라올 수 없다. 정말 대단한 수준이다.

비슷한 시기에 미국 각지를 대표하여 창업된 바이오 회사들, 대표적으로 리제네론Regeneron, 시터스Cetus, 자이모제네틱스Zymogenetics, 제네틱스 인스티튜트Genetics Institute 같은 회사들은 오늘날 존재하지 않거나 겨우 연명하는 정도로 제넨텍과 비교하면 초라하기 그지없다.

〈포천〉은 매년 미국 내 가장 인기 있는 회사 순위를 발표하는데 2006

년부터 지면의 상당부분을 할애하여 제넨텍에 대해 자세하게 소개하고 있다. 보통 정부의 허가, 규제에 길들여져 사고가 굳어져 버린 여타 제약 회사와는 달리 제넨텍은 IT 회사를 능가하는 혁신과 신명나는 일터 만들기를 주도하고 있다니 진정 불가사의한 일이다.

제넨텍의 성공과 혁신은 어디에서 나오는 것일까? 유별나다고 할 만큼 독특한 기업문화 덕택이다. 그 문화를 세 가지로 설명하면 '개방성', '인재중심' 그리고 '재미있는 일터'이다.

개방성: 열린 기업문화

제넨텍은 회사가 개방되어 있다. 대다수 미국 동부의 보수적인 대형 제약 회사들이나 바이오 회사들은 사업장 주변에 높은 담을 쌓고 일반인들의 접근을 통제하고 있다. 그에 비하면 제넨텍의 본사는 회사의 사업장으로 보기 드문 희한한 곳이다. 제넨텍 사업장에는 담이 없기 때문에 일반인들도 들어와서 깔끔하게 만들어 놓은 해변길 산책로를 거닐거나 식당 앞에 설치되어 있는 조형물들을 구경할 수 있다. 나는 이것이 제넨텍의 개방적인 문화를 대변하는 것이라고 생각한다.

이러한 열린 기업문화는 정보를 공유하거나 교환하고 협력하는 부분에도 잘 나타난다. 제넨텍은 타 기업이나 학교와의 협력도 원활하게 추진하고 있다. 확실한 권리적인 장치만 보장된다면 꽤나 다이나믹한 협력이 이루어지는 것으로 알려져 있다. 이에 비해 미 동부의 다른 제약 회사들은 기업 간 협력을 꺼리는 편이다. 특별한 제휴관계를 맺지 않고 다른 기관과 기술적 협력을 한다는 것은 이들에게 문화적으로 매우 어려운 일이기 때문이다.

제넨텍은 논문 게재를 활발하게 하는 것으로도 유명하다. 이 역시 자신들이 연구한 것을 공공에 개방한다는 의미가 있다. 이는 창사 이후 보이어 교수가 지향했던 것으로 30년이 넘도록 이어오고 있는 제넨텍의 전통이다. 연구원들은 논문을 외부에 낼 수 있을 뿐 아니라 오히려 최소 연간 1편의 논문을 게재해야 한다는 의무가 주어진다. 연구원들은 이에 부담을 느낀다고 하지만 논문 발표를 기밀공개라고 생각하고 금지하는 일부 제약 회사에 비하면 행복한 고민일 수도 있다.

보이어 교수가 만든 이 전통은 두 가지를 가능하게 했다. 첫째, 논문 게재로 인해 선두주자라는 이미지가 형성되었다. 사실 논문을 발표하지 않는다면 오리지널리티를 논할 수가 없다. 논문 발표 덕에 제넨텍은 선구자적인 이미지와 함께 많은 홍보효과를 볼 수 있었다. 둘째, 이 전통으로 논문 게재를 중요시하는 뛰어난 과학자들의 구미를 끌 수 있었다. 연구비 확보에 대한 부담 없이 얼마든지 원하는 연구를 할 수 있으며 학술논문을 마음껏 발표할 수 있다는 것은 과학자들에게는 꿈이다. 거기에다 업계 최고 수준의 연봉과 보너스를 지급하고 있으니 과학자들에게 제넨텍은 최고의 근무지로 꼽힐 수밖에 없다.

직원뿐만 아니라 회사의 고객이라고 할 수 있는 환자들 또한 이러한 개방적인 문화를 가진 제넨텍을 선호했다. 미국의 〈월스트리트 저널〉은 제넨텍이 로슈에게 완전 합병된다는 발표가 있었을 때 이를 걱정하는 환자, 시민운동가들의 이야기를 기사로 실은 바 있다. 제넨텍은 그동안 혁신적인 신약을 개발해 오면서 관련 환자, 시민운동가들과 꾸준한 접촉을 가졌다. 개발 중인 신약의 임상실험계획, 초기임상결과, 그리고 약가 책정안을 공개하고 그들의 의견을 들어왔던 것이다. 이렇게 환자들을 대하는 태도가 기존 제약 회사들과 다르기에 제넨텍의 이름은 더욱 빛을 발할 수 있었다. 환자들의 의견을 모두 수용할 수는 없었지만, 이들의 의견을 참고하여 임상실험에 적용했고 환자들이 임상실험 중인 신약을 조기에 접하도록 노력했다. 그 결과 제넨텍은 임상실험을 위한 환자를 더욱 원활하게 모집할 수 있었고 허셉틴의 경우 환자들의 호응으로 FDA의 빠른 허가를 받아낼 수 있었다. 투명성과 개방성은 사회적으로 기업에게 긍정적인 결과를 가져다 준다는 사실을 제넨텍은 손수 보여준 셈이다.

인재 중심: 인재 중시, 수평적 문화

제넨텍의 인재 중시, 수평적 문화는 스완슨의 인력 채용 방식에서부터 나타났다. 그는 초기에 연구원을 채용할 때 언제나 채용대상자에게 저녁을 대접하고 자신의 승용차로 직접 운전해서 바래다주었다고 한다. 스완슨은 최고 경영자였지만 직원들에게 결코 권위적이지 않았다. 모두 자신의 직급은 잊고 격 없이 지냈다. 스완슨은 당시 샌프란시스코, 실리콘밸리의 가장 모범적인 기업으로 칭송받았던 휴렛팩커드의 공동 창업자 데이빗 팩커드와 호형호제하며 그에게 많은 조언을 얻었다. 데이빗 팩커드는 스완슨의 멘토였고 제넨텍의 이사회 임원이었다. 그는 '직원들을 소중하게 대하는' 휴렛팩커드의 기업문화가 제넨텍에도 뿌리내릴 수 있게 도움을 주었다.

스완슨은 인재영입에 적극적이어서 연봉과 보너스는 업계 최고를 지향했고 학계와 기업체를 두고 진로를 고민하는 고급 인력들을 최대한 배려하였다. 연구원들이 무지하여 관심이 없더라도 스톡옵션이나 가격이 할인된 주식을 사도록 독려했으며, 당장 목돈이 없는 연구원들에게는 돈을 빌려주기도 했다. 그중에는 아무 생각 없이 주식을 사놓았다가 후에 백만장자가 된 연구원도 있었다. 이러한 기업문화에 대해 소문을 들은 샌프란시스코 주변의 뛰어난 인재들과 외국계 과학자들의 입사지원은 당연한 일이었다.

초창기 멤버들을 살펴보면 영국인이나 독일인도 눈이 띈다. 그들은 산업계에 종사하는 직원들로서 대부분 최고의 명문 대학, 대학원 출신들이었다. 워낙 자질이 뛰어난 인물들을 데려오다 보니 그들은 훗날 제넨텍을 떠나서도 각처에서 눈부신 활동을 계속하였다. 초창기 멤버의 상당수는 현재 남샌프란시스코 주변에 위치한 바이오 회사들의 최고경영자로 있다. 비단 산업계뿐만 아니라 학계에서 유명해진 과학자들도 많다. 독일 막스플랑크 연구소의 악셀 울리히$^{Axel\ Ulrich}$ 교수나 페터 시부르그$^{Peter\ Seeburg}$ 교수는 제넨텍을 떠났지만 그 후에도 관계를 지속하면서 허셉틴과 같은 제품개발에 큰 도움을 주기도 했다.

제넨텍이 황금기를 맞으면서 직원들을 위한 복지와 처우도 크게 향상되었다. 신입사원에게는 기본적으로 아이폰을 지급하거나 근무 7년차에게 안식월(한 달 유급 휴가)을 주는 등 타 회사에는 없는 부러워할 만한 조건을 제시했다. 직원들의 충성도는 높아만 갔다. 직원들이 회사를 떠나는 일이 적으니 회사의 노하우도 쌓여갔다. 이제는 학회를 가더라도 제넨텍의 현직원 또는 출신자들이 분야별로 뿌리를 내리고 있는 것을 쉽게 볼 수 있다.

재미있는 일터: 하드코어 놀이문화

제넨텍의 특별한 기업문화 중에는 재미있는 것이 있다. 금요일 열리는 사교모임인 호호^{HOHO}다. 호호는 캘리포니아대학의 굿맨 교수 연구실에서 열리던 '와인과 치즈 모임'과 스완슨이 관여했던 컴퓨터 회사인 텐덤사의 '금요맥주파티'를 모체로 두고 있다. 이는 연구원들이 모여 맥주를 마시며 하는 단순한 잡담이 아니라 한 주 동안 일어났던 일을 깊이 있는 과학적 토론을 통해 풀어보자는 취지에서 열리는 자리였다. 따라서 연구원들은 자연스럽게 토의를 하고 아이디어를 교환할 수 있었다.

놀이문화 또한 제넨텍의 특징을 잘 보여준다. 창업 당시부터 CEO 스완슨의 모토는 '열심히 일하고 열심히 놀자Work hard, Play hard'였다. 초창기 회사 주류에 끼어들기 위해서는 포커를 배워야 했다고 제넨텍 출신들은 말한다. 보이어, 스완스, 레빈슨 등은 포커 마니아였고, 농담 같지만 포커판을 통해 단결했으며 어려운 문제에 닥쳐도 자신감을 가지고 과감하게 베팅(?)하는 문화를 만들어 갔다고 한다.

최근에는 직원의 수가 예전보다 훨씬 많아져 예전처럼 정보교류를 위한 만남은 쉽지 않다. 그 대신 다양한 행사가 자주 기획되는데 대표적인 예가 사내 '장기자랑 대회'이다. 이는 미국방송에서 인기리에 방영되고 있는 '아메리칸 아이돌'을 본따 사내 버전으로 만든 것으로 많은 직원이 즐겁게 참여하고 있다.

물론 훌륭한 기업문화만이 성공적인 바이오기업을 만든 것은 아니다. 앞서 이야기한 것처럼 제넨텍은 로슈의 지분 인수 후 그 보호막 안에서 별다른 폭풍우를 겪지 않고 순항해왔다. 만약 로슈가 뒤를 지키고 있지 않았다면 어땠을까? 하버드경영대학의 산업역사학자인 알프레드 챈들러Alfred Chandler는 제넨텍의 경우를 아예 실패 사례로 설명하기도 한다. 그는 제넨텍이 라이센싱을 바탕으로 하는 성장을 하려고 했으나 결국 실패했다고 못 박고 있다. 카이론의 경우도 제휴로 성장하려다 실패한 케이스로 꼽고 있다. 결국 이들이 각기 로슈나 시바가이기를 만나 인수되지 않았으면 파산했을 것이라는 설명이다. 그러나 필자는 이에 전적으로 동의하지는 않는다.

모든 기업들은 위기를 맞는다. 그리고 극복의 방법 또한 다양하다. 제넨텍이나 카이론이 궁지에 몰리기는 했지만 로슈나 시바가이기의 도움이 없었다고 진정 회생이 불가능했을지는 단정할 수 없다. 두 회사 모두 당시 크게 주목을 받고 있던 기업들이었고 많은 옵션 중 로슈와 시바가이기의 파격적인 조건을 받아들인 것뿐이다. 제넨텍이 로슈 없이는 초일류 기업이 될 수 없었을 것이라는 시각은 마치 숲만 보고 나무는 보지 못하는 시각이다. 결국 챈들러의 시각은 순전히 로슈(제약산업)의 입장에서 볼 뿐이다. 나는 제넨텍이라는 기업 자체가 보유하고 있던 장점이 없었다면 결코 초일류 기업으로 성장할 수 없었다고 본다. 그런 장점이 없었다면 로슈의 관심을 끌 수 없었을 뿐 아니라 오늘날 로슈와 합병될 수도 없었을 것이다.

2009년 3월, 로슈는 제넨텍의 나머지 지분을 인수하고 완전히 합병했다. 이것은 두 회사의 관계 때문이 아닌 로슈의 내부적인 상황 때문이었다. 제약업계에서 순위권을 유지하고 미래를 계획하기 위해 로슈에게는 합병이 절실했다. 더는 변수를 놔두지 않겠다는 심산이었다. 대신 로슈는 제넨텍에게 이전과 같은 위치를 계속 보장하겠다고 했다. 뿐만 아니라 미국 내 로슈의 본사를 제넨텍이 있는 남샌프란시스코로 옮기고 로슈의 미국 내 사업을 제넨텍이 총괄하는 것을 골자로 하는 합병 내용을 발표하였다. 결국 제넨텍은 로슈라는 우산 아래 명맥은 유지할 것으로 보인다. 제넨텍의 신화와 기업혼을 지키는 것은 이제 로슈의 손에 달려 있다.

제2장

앰젠
이야기

Bioindustry

단백질 약품 EPO의
가려진 과거

인공신장실에 대한 기억

그 방에 대한 첫인상은 '적막'이었다. 병실 입구에 새겨져 있던 공식적인 명칭(인공신장실)과 달리 병실 안의 느낌은 별로 '인공'적이지 않았다. 다른 병실처럼 그저 평범해 보였다. 병실 이름이 말하는 '인공신장'은 의외로 엉성해 보이고 덩치가 큰 투석기였다. 그것은 환자당 한 대씩 침대 곁에 설치되어 돌아가고 있었다. 단정하게 정리된 20평 정도의 병실에 침대가 모두 벽면을 뒤로하고 붙어 있었다. 환자들은 대부분 중년 이상으로 보이는 사람들이었지만 청년도 간혹 있었다. 이제 막 가정을 꾸렸을 만한 젊은 가장도 보였다. 그들은 대부분 거무죽죽한 안색을

66

하고 무기력하게 누워 있었다. 병실은 적막감이 감돌았다. 모두 신부전증을 앓고 있는 환자들이다. 신장의 기능을 잃은 사람들은 살기 위해서 일주일에 두세 차례 몇 시간씩 누워 투석을 해야 한다. 그렇지 않으면 장기를 줄 공여자를 찾아 신장이식을 받는 방법밖에 없다.

내가 이 병실을 찾은 것은 세상에 하나밖에 없는 모친도 신부전증 환자였기 때문이다. 그래서 나는 이들의 안타까움을 알고 있었고 특히 앞길이 창창한 젊은 환자들에 대해서는 더 큰 안타까움을 가지고 있었다. 이 병실을 처음 방문한 날을 잊을 수 없는 더 큰 이유는 그때 에리스로포에틴(Erythropoietin, 이하 EPO)이라는 바이오 의약품을 처음 봤기 때문이다.

"이 약은 개인이 구해 오셔야 하는데요. 신약이라 아직 공식적으로 수입이 되지 않고 있어서 좀 큰 약국에 가셔서 구하셔야 할 거예요."

간호사는 환자의 보호자들에게 EPO를 큰 약국이나 수입상 등을 통해 구해 오라고 말했다. 당시만 해도 한국에 의약분업이 이루어지기 전이라 병원에 들어오는 처방의약품도 처방전 없이 직접 구할 수 있었다. 말이 바이오 의약품이지 저분자 의약품과 똑같은 모양의 작은 바이알Vial에 들어 있는 흰가루에 불과했기 때문에 눈으로는 차이를 알 수 없었다. 당시 초짜 생명공학도였던 나는 단백질을 약으로 이용한다는 것이 마냥 신기했다.

사람의 신장은 노폐물을 걸러내는 역할을 한다. 신장에서는 EPO라는 일종의 호르몬이 분비되는데 이 단백질 호르몬은 적혈구의 생성을 자극, 촉진하는 역할을 한다. 따라서 신장에 문제가 생겨 EPO가 신장으로부터 체내에 정상적으로 분비되지 않을 경우 적혈구가 부족해지고 산소가 원활하게 운반되지 않아 빈혈이 생긴다. 빈혈은 장기적으로는 혈액 내 노폐물 축적만큼이나 환자에게 치명적일 수 있다.

오래전에는 이를 극복하기 위해 신부전증 환자들이 수시로 수혈을 받아야만 했다. 바이오의 발달로 오늘날 환자들은 병원에 와서 투석 후 인공적으로 만들어낸 EPO를 주사로 투여받는다(또는 집에서 자신이 직접 주사하기도 한다). 몸에서 만들어낼 수 없는 단백질을 외부에서 만들어 넣는 셈이다. 따라서 혈액투석기의 발명만큼이나 EPO의 개발은 많은 사람의 생명을 건지고 환자로서 생활의 질도 높이는 계기가 되었다.

EPO는 현재 전 세계적으로 약 150만 명의 투석 환자, 신장이식 환자와 일부 암 환자들에게 도움을 주고 있다. 지난 10년간 가장 높은 매출을 올린 10대 처방의약품의 하나이며 대표적인 바이오 의약품의 영예를 누렸던 제품이다. 초기 바이오에 대해 의심의 눈길을 보내던 제약업계도 EPO의 놀라운 활약을 경험하고 나서야 바이오 의약품을 인정하기 시작했다고 해도 과언이 아니다.

EPO에 쏟은 골드와서의 열정

필자에게 EPO는 블록버스터 의약품 이상의 특별한 의미가 있다. 이미 설명했지만 EPO는 나의 어머니의 투병을 도운 고마운 약이다. 어머니는 신장이식을 받으신 후 정기적으로 투약하시지는 않는다. 그런데 희한한 것은 어머니를 통해 EPO와의 인연을 맺은 후 나의 커리어 속으로 EPO 가 들어오게 되었다. 대학원에 진학한 이후 공교롭게 EPO를 주제로 연구를 하게 되었다. 그 후 나의 의지와는 무관하게 EPO는 석사와 박사과정 연구 주제가 되었고 그 이후로도 오랫동안 연구와 관심의 대상이 되었다. 되돌아보면 EPO의 연구를 통해 연구의 보람을 알 수 있었고 EPO 와 함께한 대학원 생활은 남다른 의미가 있었다.

EPO의 개발 뒤에는 일생에 걸쳐 대가를 바라지 않은 한 사람의 고귀한 노력이 있었다. 노력의 주인공은 바로 유진 골드와서^{Eugene Goldwasser} 교수다. 그는 지난 47년간 시카고대학 의과대학 교수로 재직하면서 EPO에 대한 순수 및 응용연구를 해왔고 2002년 강단에서 은퇴하였다.

골드와서 교수는 대공황이 한창이던 1922년 뉴욕의 브루클린에서 태어났다. 당시 그의 아버지는 작은 의류생산업체를 경영하고 있었다. 아버지의 형도 의류업체를 경영하고 있었는데 공황의 영향으로 회사가 어려워지자 그 둘은 가족을 이끌고 중부 미주리 주에 위치한 캔저스 시티로 이주하게 되었다고 한다. 그 바람에 명문 뉴욕대학^{NYU}에 다니던 형은 학교를 그만둘 수밖에 없었다. 동생인 유진은 캔자스 시티의 무료 커뮤니티 컬리지(일종의 전문대학)에서 공부하다가 장학금을 받고 시카고 대학으로 전학할 수 있었다.

대학에서 생물학을 공부한 골드와서는 전시 중인 1944년에 군사기지인 포트 데트릭$^{Fort\ Detrick}$에서 탄저균 연구를 하다가 전쟁이 끝나면서 시카고로 돌아와 박사학위를 마치게 된다. 그 후 시카고대학 의대의 혈액학 연구의 권위자였던 레온 제이콥슨$^{Leon\ Jacobson}$ 박사의 연구실에 합류한다.

골드와서는 1955년 제이콥슨의 연구실에서 처음 EPO에 대한 연구를 시작했다. 당시 EPO는 그 존재가 간접적으로 입증되었을 뿐 아직 실체가 순수하게 분리되지 않았던 때였다. 제이콥슨은 골드와서에게 이 과제를 맡기고 집중하여 연구할 수 있도록 지원을 아끼지 않았다. 골드와서는 과거 인슐린이 3개월 정도의 연구를 통해 분리정제가 되었음을 알고 있었다. 따라서 유사한 단백질 호르몬인 EPO 또한 분리하는 데 그리 오랜 시간이 걸리지 않을 것이라고 짐작했다. 그러나 실제 분리정제되기까지 무려 20여 년의 시간이 흐르게 되었으니 골드와서는 아주 까다로운 놈에게 걸린 셈이었다.

EPO를 대량으로 얻기 위한 그의 최초 접근 방법은 양의 혈액을 이용하는 것이었다. 축산물로서의 가치가 없는 양을 잡는 도살장에서 양의 피를 따로 얻었다. 먼저 적혈구를 파괴하는 약물을 양의 혈관에 주입하여 인위적으로 빈혈을 일으키고 EPO의 분비를 기다린후 혈액을 추출하였다. 숱하게 도살장을 오가면서 혈액을 대량으로 추출하였고 이를 정제하였지만 충분한 양의 EPO를 순수하게 정제하기는 어려웠다. 이렇게 정제한 양은 고작 모기 한 마리의 무게도 안 되는 200마이크로그램. 더군다나 순도도 별로 높지 않았다. 이것으로는 단백질의 특성연구나 임상실험은 꿈도 꿀 수 없었다. 골드와서는 결과가 나오지 않는 정제연구를 잠정적으로 중단하고 더 생산적인 연구(논문을 쓸 수 있는 연구)로 돌아갈 수밖에 없었다. 그 후 15년이라는 시간이 지나 골드와서는 시카고대학 정교수로 승진하였고, 제이콥슨으로부터 독립하여 자신의 연구실을 꾸려 나가게 되었다. EPO의 연구는 계속되었지만 그전과 같은 대량 정제연구는 기회를 얻지 못하고 있었다.

결국 정제에 성공하다

1973년 어느 날 그는 일본에서 온 한 통의 편지를 받게 된다. 쿠마모토대학 부속병원의 내과의사였던 다카지 미야케 박사로부터 온 편지였다. 미야케 박사는 당시 재량불량성 빈혈이라는 질환을 앓는 환자들을 연구하고 있었는데 이들 환자들의 소변을 통해 빠져나오는 EPO에 주목하고 있었다. 그는 골드와서 교수에게 자신이 이 환자들의 소변을 상당량 확보할 수 있으니 이를 이용하여 골드와서 교수 연구실에서 정제연구를 하고 싶다는 제의를 하였다. 골드와서 교수팀은 당시 EPO에 대한 연구로는 세계적인 수준의 연구팀이었고, 미야케 박사는 이 기회를 미국 대학연수 경력을 쌓는 기회로도 활용하고 싶었다. 골드와서는 그 제의를 수락하고 미국립보건연구원에 이에 대한 연구비 신청을 하였다. 다시 대량정제에 도전할 수 있는 기회가 찾아온 것이다.

미야케 박사는 환자들로부터 2년간 소변 샘플을 얻었는데 그 양이 무려 2550리터에 달했다. 그는 동료연구원들과 함께 밤낮으로 소변에 있는 불순물을 걸러냈다. 그리고 동결건조기로 수분을 증발시켜 소변을 분말로 만들었다. 골드와서 교수가 신청했던 연구비는 1975년 드디어 승인을 받았다. 이때에 맞춰 미야케 박사는 미국으로 건너왔다. 미야케 박사는 동결건조시킨 소변 샘플을 상자에 넣어 일본식 보자기로 예쁘게 포장해서 골드와서 교수를 처음 만난 1975년 크리스마스 날 정중하게 전달했다.

재료와 기술이 확보된 상황에서 정제과정만이 남았다. 미야케 박사가 합류한 골드와서 교수팀은 7단계의 정제과정을 통해 EPO를 분리했다. 총 18개월이 걸렸다. 이렇게 정제한 양은 불과 8밀리그램. 2550리터의 소변에서 나왔다고 하기에는 너무나 미미한 양이었다.

골드와서 교수팀은 순수분리한 EPO의 활성을 확인하기 위해 실험용 생쥐에 주사했다. 강한 반응이 나타났다. 성공이었다! 그들은 이 실험을 통해 EPO의 주입으로 적혈구 생성이 확연하게 증가되는 것을 관찰할 수 있었다. 골드와서가 20년 만에 이룬 쾌거였다. 이 역사적인 정제연구는 1977년 미국 〈생화학저널〉에 발표되었다.

정제된 EPO를 이용하여 진행된 후속 연구는 저명한 〈사이언스〉에 결과가 실리면서 호평을 받았다. 골드와서는 여기서 멈추지 않았다. EPO가 의약품으로 활용될 수 있을 것이라 확신했다. 그는 당시 중부에

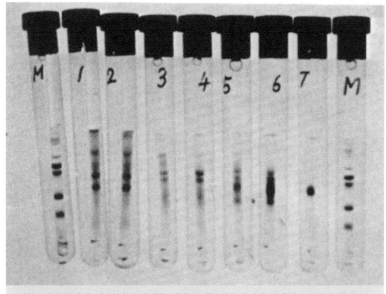

미국 〈생화학저널〉에 실린 전기영동 사진. 1번부터 7번까지 단계적으로 불순물이 없어지면서 순수하게 정제된 것(7번)을 볼 수 있다.

출처-Journal of Biological Chemistry (1977) 252:15, 5558

위치한 중형 제약 회사였던 파크-데이비스$^{Parke-Davis}$와 애보트에 공동개발을 제의했다. 그러나 EPO의 상업적 가치에 대해 무지했고 바이오에 대한 관심이 부족했던 이들 제약 회사는 골드와서의 제의를 정중히 거절했다.

안타깝게도 그 당시 연구책임자들은 '발명과 특허'에 대한 개념이 없었다. 대학교에서 연구되는 결과물은 대개 논문으로만 게재되고 특허로까지는 연결되지 못했다. 골드와서 역시 논문을 쓰고, 연구지원기관이었던 국립보건연구원과 에너지자원성에 결과만 보고했을 뿐 향후 엄청난 이익을 가져다줄 수 있는 특허의 출원을 하지 않았다. 이러한 상황은 결국 훗날 EPO로 인해 발생되는 어마어마한 재화가 고스란히 앰젠이라는 한 기업체로 몰리게 하였다.

블록버스터의
탄생

EPO를 둘러싼 바이오기업들의 경쟁

골드와서 교수는 순수정제하여 얻은 EPO를 사람에게 시험해 보고 싶
었다. 그러나 사람에게 투여하기에는 너무 소량이었다. 이것으로 효능
이 감지될 수 있을지 미지수였다. 그러나 운이 좋게도 골드와서의 정열
과 꿈은 실현되었다. 그가 EPO 순수정제에 성공할 시점에 유전자재조
합기술이 개발되고 있었던 것이다. 유전자재조합기술에 있어 선두주자
였던 제넨텍은 성장호르몬, 인슐린, 인터페론에 이어 EPO 또한 타깃으
로 두고 있었다. 이런 제넨텍에 도전장을 내밀고 경합한 바이오 회사들
이 바로 앰젠Amgen과 제네틱스 인스티튜트Genetics Institute 그리고 바이오젠

^{Biogen}이었다.

여기서 우리가 눈여겨볼 앰젠이라는 회사는 윌리엄 바우스^{William Bowes}와 윈스턴 셀서^{Winston Salser}에 의해 설립된 벤처회사다. 바우스와 셀서 모두 미국 최초의 바이오 회사라고 할 수 있는 시터스의 임원 출신으로 바이오 세계를 이미 경험한 베테랑들이었다. 그들은 응용분자유전학^{Applied Molecular Genetics}을 줄인 앰젠이라는 이름으로 회사를 창업하였다. 분자유전학의 시대가 도래한 것이다. 80년 전후로 불었던 바이오 붐에 편승하여 앰젠은 캘리포니아 LA근교에 위치한 사우전드 오크스^{Thousand Oaks}라는 곳에 터전을 잡았다. 그리고 애보트의 진단 부문 연구소장으로 있었던 조지 라스만^{George Rathmann}에게 방향키를 맡겼다. 또 근방에 있었던 대학인 UCLA의 교수들을 연구고문으로 위촉하였다.

지금 생각해 보면 약간 의아할 수 있겠지만 설립 초기 앰젠은 토스코^{TOSCO}라는 정유 회사의 투자를 받아 석유에서 황을 제거(탈황)하는 박테리아를 개발하기도 했다. 당시로서는 참신한 주제를 가지고 다방면으로 바이오기술의 응용을 시도하였다. 또한 유전자재조합기술을 이용하여 닭 성장호르몬, 말라리아 치료제, EPO 등을 개발하려는 연구도 하였다. EPO가 프로젝트 리스트에 끼어 있던 것은 초창기 앰젠의 연구원 중 골드와서 교수 연구실 출신자가 있었기 때문이다. EPO에 대한 본격적인 연구는 앰젠이 골드와서 교수를 고문으로 초빙한 이후에 시작되었다. 그러나 EPO 프로젝트는 바람 잘 날 없는 가랑잎 같은 시기를 거쳐야 했다.

특허출원과 논문발표가 명암을 가르다

이 시점에 주목할 만한 인물이 한 사람 있으니 바로 린 후쿠엔林福坤 박사다. 그는 대만 출신의 중국계 과학자다. 명문 대만국립대학을 졸업하고 석사를 마친 후 미국으로 건너왔다. 그는 1960년에 일리노이대학에서 식물병리학으로 박사를 취득한 후 대만으로 잠시 귀국했다가 다시 미국으로 건너와 이곳저곳을 전전하던 중 운명의 힘에 이끌려 앰젠에 정착한다. 린 박사는 앰젠이 설립된 후 일곱 번째로 채용된 연구원이었다. 그리고 이곳에서 그는 EPO 프로젝트를 맡게 된다.

당시 특정한 단백질에 대한 유전자를 찾아낸다는 것은 오늘날의 기준과는 달리 훨씬 더 어려웠다. 린 박사는 골드와서 교수가 유일하게 확보하고 있던 소량의 EPO 단백질을 이용하여 아미노산 서열을 분석하고 이를 역으로 이용하여 EPO 유전자를 찾기 시작했다.

세계에서 유일하게 EPO 실물을 확보하고 있던 골드와서에게 공동연구를 제안한 기업이 몇 군데 있었지만 골드와서의 선택은 앰젠이었다. 앰젠은 골드와서 교수가 제공한 EPO 단백질을 이용하여 아미노산 서열을 분석하고 유전자 서열로 번역을 할 수 있는 회사였다. 이 시기에 또 다른 바이오 회사인 제네틱스 인스티튜트(이하 GI)도 EPO 유전자를 찾아내기 위해 적극적으로 뛰어들었다. GI는 EPO의 아미노산 서열을 최초로 분석해본 경험이 있는 로드니 헤윅^{Rodney Hewick}을 연구원으로 영입했기 때문에 EPO 경쟁에 자신 있다고 자부했다. 그러나 오히려 헤윅이 분석한 166개 아미노산 서열 중 3개는 잘못된 서열이었다. GI의 연구는 순탄치 않았고 이 서열로는 유전자를 찾을 수 없었다. 그에 비해 앰젠의 린 박사는 정확한 서열을 바탕으로 EPO 유전자를 찾아냈다. 결국 1983년 12월 13일, EPO에 대한 첫 물질특허가 출원된다. 당시는 몰랐지만 린 박사는 이를 통해 앰젠에게 대박의 선물을 안겨주었다.

잘못된 아미노산 서열로 헤매던 GI는 과거 골드와서와 순수정제에 성공한 미야케로부터 도움을 받아 EPO 시료를 얻는다. GI는 이를 이용하여 제대로 된 아미노산 서열을 파악하였고 그 후 유전자를 찾아내게 된다. 그 내용을 바탕으로 1984년 12월 17일, GI는 세계적인 과학잡지 〈네이처〉에 논문을 게재하였다. 논문으로는 처음이었지만 이미 린 후쿠엔이 특허를 출원한 후 1년이 지난 시점이었다. 이를 두고 앰젠과 GI의 치열한 특허 분쟁이 시작되지만 대법원은 결국 특허를 먼저 낸 앰젠의 손을 들어주었다.

앰젠의 비상飛上

1984년 당시 초짜 바이오 회사였던 앰젠은 EPO의 대규모 임상실험을 위한 자금이 필요했다. 앰젠이 자금을 조달할 수 있는 방법은 EPO의 권리를 쪼개서 파는 것밖에 없었다. EPO의 해외판권을 넘겨 투자를 받는 방법이었다. 앰젠은 일본의 기린KIRIN 맥주사에 일본판권을 주고 기린으로부터 2천4백만 달러를 받는다. 존슨앤존슨Johnson & Johnson으로부터는 6백만 달러를 받고 미국 이외의 판권을 넘겨준다. 이후 1989년에 FDA로부터 최종승인을 받기까지 임상시험은 불과 3년 반밖에 걸리지 않았다.

앰젠은 설립 후 9년이 지나 EPO를 이포젠EPOGEN이라는 상품으로 출시했다. 당시 돈으로 앰젠은 3억 달러를 투자해 이포젠을 개발했다. 앰젠이 예상한 연간 매출은 고작 5억 달러였다고 한다. 앰젠은 이포젠이 얼마나 인기 있는 상품이 될지 제대로 모르고 있었던 것이다.

이포젠은 판매 첫 해부터 〈비즈니스위크〉에 '올해의 상품'으로 꼽힐 정도로 대성공이었다. 〈사이언스〉에는 '가장 고가의 물질'로 소개되었다. 첫 해 매출 1억 4천만 달러에서 다음해는 바로 3억 달러로 뛰었다. 덕분에 앰젠은 가치를 인정받아 나스닥에 등록되었다.

1992년에는 후속 제품인 뉴포젠과 더불어 매출 10억 달러의 벽을 돌파했다. 순이익만 3억 5천만 달러를 기록하며 드디어 앰젠은 돈방석에 앉게 되었다.

2010년 8월 기준으로 앰젠은 시가총액이 5백억 달러(약 50조 원 이상)에 이르는 엄청난 바이오 회사로 성장했다. 그리고 오늘날 앰젠 외에 기린, 존슨앤존슨 등이 판매하는 EPO를 모두 합하면 그 규모는 100억 달러에 이른다. 짧은 기간 동안 정말 상상을 초월하는 성장을 이뤄낸 셈이다.

앰젠이 오늘날 위치에 이르기까지 EPO의 역할은 절대적이었다. 이에 비해 아이러니하게 EPO의 발견, 개발에 가장 큰 공헌을 했던 주인공들의 오늘날 위상은 그에 상응하는 것 같지 않아 많은 아쉬움이 남는다.

골드와서 교수가 특허를 내지 않은 탓에 EPO를 세계 최초로 정제한 공로는 빛을 잃었다. 앰젠은 이후로도 특허를 전략적으로 관리했고, 결국 GI와의 특허소송에서도 승리를 했다. 결국 골드와서 교수에게는 잔인하다 싶을 정도로 아무런 경제적 혜택이 돌아가지 않았다.

린 후쿠엔 박사는 연구책임자직을 끝으로 은퇴하여 앰젠을 떠났다. 블록버스터 개발에 공로가 있는 과학자들이 부사장급으로 승진하여 경영자로 남게 되는 통례를 생각하면 다소 초라한 결말이다.

누구도 예측하지 못했던 EPO의 등장은 결국 누구도 예상하지 못했던 자들의 배를 불리우게 해준 것이 아닌가 하는 엉뚱한 생각이 들기도 한다.

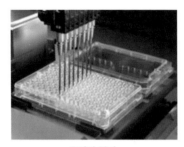

유전자 분리,
단백질 분석 등 바이오 의약개발

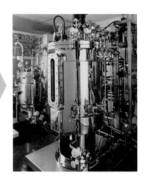

세포대량배양을 통해
단백질 대량 생산

단백질을 순수하게
분리하여 정제

바이오 의약품 제제화 및 포장

BIO TECHNOLOGY

바이오 의약
생산과정

바이오 의약품과 일반 화학 의약품은 생산과정에 차이가 있다. 화학 의약품의 경우 반응기(탱크) 내에서 유기합성법을 이용하여 약품을 만들어내는 반면 바이오 의약품은 세포를 배양하고 단백질을 분비시켜 의약품을 만든다. 이후 순수정제 단계는 상당히 유사하며 제제화 및 포장 단계도 거의 비슷하다. 다만 바이오 의약품은 단백질이므로 화학 의약품보다 안정성이 낮다. 때문에 상온에 장기간 보존할 경우 구조가 변형되거나 파괴된다는 특성이 있다.

제3장

세계의
바이오기업들

Bioindustry

노르디스크와 노보
―북구의 두 라이벌

바이오산업 탄생 시기

언젠가 사내 친목모임에서 필자는 바이오산업의 탄생에 관한 내용으로 짧은 발표를 한 적이 있었다. 나는 70~80년대 미 서부를 중심으로 일어났던 바이오 붐을 중심으로 자연스럽게 이야기를 풀어갔다. 발표를 마치자 모임에 참석했던 은퇴한 원로급 인사 한 분이 지적했다.

"글쎄요. 진짜 바이오산업의 역사가 이삼십 년밖에 되지 않을까요? 루이 파스퇴르가 연구한 분야는 바이오가 아닙니까?"

이런 질문을 받을 줄은 예상치 못했기에 순간 그를 멍하니 바라만 보고 있었다.

그렇다. 지당하신 말씀이다. 아마도 내가 이야기를 너무 드라마틱하게 끌고 가려 했던 것이 문제였을 것이다. 바이오산업의 탄생은 당연히 70년대가 아니다. 정정하자면 70년대는 유전공학을 바탕으로 한 현대 바이오산업의 시초라 해야 할 것이고 소위 근대 바이오산업의 시작은 훨씬 이전인 19세기로 올라가야 한다.

이탈리아의 바이오산업 역사가인 루이지 오르세니고^{Luigi Orsenigo} 역시 바이오산업을 현대와 그 이전으로 구분짓고 있다. 그는 이런 구분을 가능케 한 것이 '분자생물학'이라는 학문의 출현이라고 본다. 오르세니고는 현대 바이오산업의 시작을 1973년으로 보고 있다. 스탠포드와 캘리포니아대학의 과학자들에 의해 유전공학기술이 개발된 해다. 그는 한발 더 나아가 1975년 영국 캠브리지대학에서 개발된 하이브리도마^{Hybridoma}를 이용한 단일군항체기술^{monoclonal antibody}을 개발한 시점 또한 역사를 가르는 구분점으로 평가하고 있다.

오늘날의 바이오 회사에 못지않은 뛰어난 기술력을 가진 바이오기업들이 1920년대에도 있었다. 많은 사람이 이 사실을 인식하지 못했을 뿐이다. 여기서 이야기하려는 회사가 바로 노르디스크^{Nordisk}와 노보^{Novo}이다. 북구 덴마크에 본사를 두고 있는 이 두 회사는 1989년 합병했지만 합병 직전만 하더라도 노르디스크는 세계에서 세 번째로 큰 인슐린 생산업체이자 세계 최대의 성장호르몬 생산업체였다. 노보 역시 노르디스크를 앞지르는 세계 2대 인슐린 생산업체였고 현재 세계 최대의 산업용 효소 생산업체다.

우리에게는 낙농의 나라, 바이킹의 나라, 안데르센과 인어공주 그리고 철학자 키르케고르의 고향으로 알려진 북구의 작은 나라 덴마크. 이곳에 어떻게 근대 바이오의 굵은 자취를 남긴 두 기업이 탄생하여 공존할 수 있었을까? 그 이야기의 열쇠는 인슐린의 발견 시점으로 거슬러 올라가야 한다.

벤팅, 맥로드 그리고 견공犬公

1921년 토론토대학의 생화학 실험실 한구석에서 초짜 연구원 두 명이 개 한 마리를 붙들고 동물실험을 하고 있었다. 전문가들이 보기에는 다소 어설픈 실험광경이었겠지만, 사실 이 연구결과는 세계 의학사에 커다란 족적을 남기게 되었다. 바로 인슐린의 발견이었다.

시골 웨스트 온타리오대학 강사였던 프레드릭 벤팅Fredrick Banting은 방학동안 토론토대학의 교수였던 맥로드John McLeod의 실험실에서 실험을 하고 있었다. 혈당수치가 올라가는 개에게 이자에서 추출한 혼합물을 주사하였더니 혈당이 떨어졌다. 이 역사적인 실험에서 그는 이자에서 분비된 물질을 인슐린이라 명명하였다. 그리고 한발 더 나아가 벤팅과 맥로드는 소의 이자로부터 인슐린을 추출하여 당뇨 환자를 대상으로

아우구스트와 마리 크로그 부부

© Novo Nordisk A/S

실험을 하기 시작하였다.

1년이 채 지나지 않은 1922년 가을, 덴마크의 동물학자인 아우구스트 크로그August Krogh박사가 미국을 여행하고 있었다. 모세관의 운동조절 메커니즘으로 1920년 노벨의학상을 수상한 그는 예일대학의 초청으로 미국을 방문 중이었다. 당시 당뇨를 앓고 있던 그의 부인 마리가 동행하고 있었는데 그녀 역시 의학자로 대사질환을 연구하고 있었다. 마리 크로그는 그때 토론토대학에서 이루어지고 있던 인슐린 연구와 그 결과에 대해 듣게 된다. 마리는 남편 아우구스트를 설득해 캐나다 토론토대학을 방문하자고 했다. 당시 하버드 의대의 저명한 당뇨전문의사였던 엘리엇 조슬린의 소개로 두 사람은 토론토대학을 방문하여 벤팅과 맥로드를 만난다. 아내의 질병을 고칠 수 있다는 희망에 아우구스트 크로그 박사는 그들에게 덴마크에서 인슐린을 생산할 수 있도록 허락해

달라고 했다. 벤팅과 맥로드는 이를 흔쾌히 승락했다. 크로그 박사는 귀국 즉시 덴마크에 인슐린 생산시설을 설치할 계획을 세운다. 훗날 알려진 얘기지만 이 계기로 벤팅과 맥로드는 크로그의 강력한 추천에 힘입어 다음 해인 1923년 노벨의학상을 공동으로 수상하게 된다.

아우구스트 크로그는 당시 아내의 동료의사였던 한스 크리스찬 하게도른의 도움을 받아 일에 착수하는 동시에 약사이면서 당시 덴마크의 제약 회사(레오파마수티컬)를 운영하던 아우구스트 콩스테드$^{August\ Kongsted}$에게 재정적인 도움을 요청한다. 첫 실험은 크로그의 동물학 연구실과 하게도른의 집에서 각각 진행되었다. 1922년 12월, 그들은 소의 이자에서 인슐린 소량을 순수분리하고, 다음 해 3월에 처음으로 사람에게 테스트하여 성공한다. 이에 크로그, 하게도른과 콩스테드는 노르디스크 인슐린 연구소$^{Nordisk\ Insulinlaboratorium}$를 공식 설립하고 하게도른을 연구 책임자로 임명한다. 최초로 만든 인슐린은 인슐린 레오$^{Insulin\ Leo}$라는 이름으로 레오파마수티컬에서 판매를 담당하였다.

자신이 낳은 경쟁자

노르디스크 인슐린 공장을 세우기 위해 영입된 엔지니어 하랄드 페데르센$^{Harald\ Pedersen}$은 원래 코펜하겐대학 기기제작실의 기사였다. 늘 참신한 아이디어가 샘솟았던 하랄드는 인슐린을 추출하는 기계를 처음으로 개발했다. 이때 생산 공정에 필요한 분석을 위해 약사였던 동생 토르발드를 끌어들였다. 그런데 문제는 연구실 책임자였던 하게도른과 토르발드의 관계였다. 독선적이고 고집이 셌던 하게도른은 토르발드와 사사건건 부딪쳤다. 결국 둘의 관계는 완전히 어긋났고 하게도른은 토르발드를 해고시켰다. 동생을 괜히 불러들여 실업자로 만들었다는 미안함에 형 하랄드도 같이 사표를 내고 노르디스크를 나왔다.

어처구니없이 실업자가 된 페데르센 형제는 형 하랄드의 집 지하실에서 인슐린 생산실험을 했다. 1923년 인슐린 생산에 성공한 형제는 이를 인슐린 노보^{Insulin Novo}라고 명명한다. 하랄드는 발군의 실력을 발휘하여 노보 주사기를 개발, 제작하여 판매한다. 형제는 순수한 마음에 크로

인슐린 추출을 위해 제작된
노보의 첫 번째 장비

© Novo Nordisk A/S

그 박사와 하게도른에게 동업을 제의하지만 거절당한다. 1925년 2월, 형제는 회사명을 노보 치료제 연구소Novo Terapeutisk laboratorium라고 명명하고 본격적으로 인슐린의 상업 생산에 돌입한다.

그 이후 두 기업의 역사는 경쟁 그 자체였다. 노르디스크는 회사가 설립되자마자 강력한 경쟁사를 만나게 된 셈이다. 의학적인 기초가 부족한 노보는 초기에는 '무조건 노르디스크 따라하기'로 일관했다. 그러나 사업적인 감각에 있어서는 노보가 훨씬 앞섰다. 틀에 얽매이지 않는 사고로 다양한 아이디어를 제품에 적용하고 개발하였다.

초기 인슐린의 가장 큰 문제는 약효가 너무 짧다는 것이었다. 1936년 노르디스크의 하게도른은 동료 연구원인 노르만 젠슨Norman Jensen과 송어의 정액에서 추출한 프로타민을 인슐린제제에 첨가하였다. 그러자 약효가 현저히 지속되었다. 캐나다 과학자들은 노르디스크의 인슐린에 아연zinc를 첨가한 새로운 제형ZPI을 만들어냈다. 1938년 노보가 이것을 들여와 만들기 시작하였는데 노르디스크의 하게도른은 자신의 프로타민 첨가 기술을 도용했다며 특허침해 소송을 걸었다. 하게도른은 승소한다. 그 후 미묘한 감정까지 가세되어 노르디스크와 노보의 경쟁은 더욱 뜨거워졌다.

심지어 당뇨전문병원을 세우는 것을 두고도 서로 경쟁을 했다. 1932년 노르디스크는 당뇨전문병원으로 스테노 기념병원Steno Memorial Hospital을 설립하였고, 1938년 노보도 뒤따라 당뇨요양원을 세웠는데, 두 기업의 합병 후에는 두 병원도 합병되어 오늘날 스테노 당뇨센터Steno diabetes

^{center}가 되었다.

1920년대부터 북구 주변국과 독일 등의 유럽 시장을 공략한 노보는 중동과 남미로도 진출하여 1936년에는 40여 개국 이상에 인슐린을 수출하는 회사로 성장하였다. 1950년대 들어오면서 노보는 노르디스크의 기술로부터 벗어난 자체재형을 만들면서 큰 성공을 거둔다.

그에 비해 노르디스크는 하게도른의 지나친 카리스마적인 경영스타일 때문인지 국내 시장만을 고집하고 판매보다 연구와 치료에만 치중했다. 그 결과 대부분의 초창기 전문가들이 빠져나가고 경영상 위기에 봉착했다. 하게도른이 세상을 떠나자 노르디스크는 전사적 쇄신을 단행하였다. 마케팅을 강화하고 소 인슐린 대신 약효가 뛰어난 돼지 인슐린을 도입하여 위기로부터 벗어날 수 있었다. 1980년 조직이 대폭 개편되면서 사명을 노르디스크 젠트로프트^{Nordisk Gentroft}로 변경하였다. 1986년에는 기업을 공개하고 점차 해외로 눈을 돌리게 된다.

효소로 대박을 터뜨리다

노보의 샘솟는 아이디어는 멈출 줄 몰랐다. 이자에는 인슐린 외에도 트립신^{Trypsin}이라는 단백질 분해효소가 있다. 페테르센 형제는 이것이 가죽을 부드럽게 가공하는 피혁제조공정에 사용된다는 것을 알고 있었다.

그러나 기존의 인슐린 추출공정은 트립신을 파괴하기 때문에 각각 다른 공정으로 인슐린과 트립신을 추출할 수밖에 없었다. 그러던 중 2차대전이 발발하고 원료 공급이 어려워지자 어쩔 수 없이 트립신과 인슐린을 동시에 추출하는 방법을 개발했다. 전쟁이 혁신을 불러온 것이다.

1940년대 노보의 연구원들은 이자에서 또 다른 효소인 아밀레이즈Amylase까지 추출했다. 그러나 이자에서 추출한 아밀레이즈는 역가(효능에 대한 정량적인 단위. 역가가 높다는 것은 효능이 높다는 뜻)가 그리 높지 않았다. 이를 두고 고민하던 한 연구원이 이자 대신 아밀레이즈를 분비하는 박테리아를 활용해 보자고 제안했다. 페니실린 생산으로 이미 발효기술을 확보하고 있었던 노보는 박테리아 발효를 이용해 아밀레이즈 생산에 성공했다. 이 효소는 오늘날 섬유가공 등에 사용되고있다.

노보의 효소 중 최고 히트상품은 1960년대에 개발된 세탁용 효소 알카레이즈Alcalase이다. 이 효소 제품은 네덜란드 세제 회사의 제품인 바이오텍스Bio-tex에 첨가되면서 공전의 히트를 쳤다.

그밖에 설탕 가격의 폭등으로 과당의 수요가 늘면서 1974년 녹말을 과당으로 분해하는 효소 스위트자임Sweetzyme도 개발했다. 당시 한국도 이 제품을 많이 수입하였는데 미국, 일본에 이어 세 번째로 큰 수입국이었다.

1960년 하게도른은 소아과 의사였던 에닝 안데르센Henning Andersen 교수의 요청에 따라 왜소증 아이들을 위한 성장호르몬 생산을 고려하게 된다. 성장호르몬Somatotropin은 대뇌 아래의 뇌하수체라는 콩알만한 기관에서 생성되는 단백질 호르몬이다. 이미 동물의 조직에서 인슐린을 추출한 경험이 있는 노르디스크로서는 도전해볼 만한 제품이었다. 하게도른은 덴마크 내 병원의 병리학과로부터 뇌하수체를 대량으로 수집하였다. 그리고 1966년 최초로 임상실험에 성공했다. 나노르몬^{Nanormone}이라고 명명된 이 제품은 1973년 덴마크 보건당국의 허가를 받았다. 또한 성공적인 수출까지 이뤄내면서 노르디스크는 세계에서 가장 큰 성장호르몬 수출기업이 된다. 그러나 뇌하수체를 무한정으로 얻을 수는 없었기에 1982년 제넨텍에 이어 유전공학을 이용한 성장호르몬을 개발하였고 1988년 바이오 제품인 노디트로핀^{Norditropin}을 출시하였다.

합병으로 탄생한 유럽 최강의 바이오기업

1980년대 노보와 노르디스크는 이미 세계적인 바이오기업으로 평가되고 있었다. 이들은 유전공학기술을 도입하여 유전자재조합 인슐린과 성장호르몬, 혈우병 치료제^{Factor VIII} 등을 제품화하며 명실상부한 첨단 바이오기업으로 우뚝 섰다. 노보와 노르디스크의 선의의 경쟁은 두 회사를 짧은 시간에 고속으로 성장하게 만든 원동력이었다. 양사는 지속적인 연구개발을 통해 세계적인 기술을 확보하고 끊임없이 새로운 제품을 시장에 내놓았다.

노보에서 상품화되었던 인슐린

© Novo Nordisk A/S

　물론 인슐린의 판매 물량으로 보면 두 회사 모두 미국의 일라이릴리 Eli Lilly의 뒤를 따르고 있는 상황이었다. 하지만 덴마크라는 작은 나라에서 생산량의 90% 이상을 수출한다는 것은 오히려 미국 기업들이 부러워할 만한 역량이었다. 그러던 중 주주들의 전폭적인 지지에 힘입어 1989년 두 회사는 합병을 하였고, 세계 최대 인슐린 생산업체이자 세계에서 가장 큰 효소전문업체가 되었다. 세계의 어떤 대형 제약사와 비교해 봐도 손색이 없는 최고 강자가 된 것이다. 그들은 2000년 구조조정으로 헬스케어 부문을 노보 노르디스크Novo Nordisk A/S로, 효소 부문을 노보자임 Novozyme A/S으로 분리 독립시켰다.

경쟁론적 관점에서

대형 전자상가에 들어가면 유사 사양의 수많은 제품들이 진열대를 가득 메우고 소리 없는 경쟁을 하고 있다. 이런 치열한 경쟁 속에서 승리하지 못하면 세계 시장에서는 절대 살아남을 수 없다. 한국인들은 이런 선의의 경쟁관계를 오랫동안 곁에 두고 봐왔기에 익숙하다. 바로 삼성과 LG의 경쟁이다. 이 두 회사의 경쟁은 한국의 전자산업이 빠른 발전을 이루는 데 큰 영향을 끼쳤다.

경쟁전략으로 유명한 하버드대 경영학자 마이클 포터는 그의 저서 《경쟁론On competition》에서 노보와 노르디스크를 모범 사례로 설명하고 있다. 그는 두 회사를 지역적 라이벌local rivalry이라 명하면서 이런 요소가 입지적 경쟁우위locational competitive advantage의 한 요소라고 말한다. 그는 '치열한 지역 내 경쟁은 어느 한 기업이 계속 우위를 유지하게 놔두지 않지만, 그로 인해 다른 지역보다 산업의 발달은 훨씬 빠르게 일어난다.'고 분석하고 있다. 결국 노보와 노르디스크의 뜨거웠던 경쟁 덕택에 오늘날 덴마크의 바이오 수준이 세계 어디에 내놓아도 손색이 없을 정도로 높아진 것은 아닐까?

노바티스와 로슈
─에라스무스의 유산

바젤에는 뭔가 특별한 것이 있다

스위스의 도시 바젤^{Basel}에 대한 나의 기억은 '새벽녘 기차역 앞 베이커리에서 은은하게 풍기던 갓구운 빵의 향기'였다. 그때 나는 학술대회에 참가하기 위해 인터라켄^{Interlaken}에 가고 있었다. 파리에서 출발한 새벽 열차는 바젤에 나를 내려주었다. 바젤에서는 다음 열차가 올 때까지 두 시간 정도 새벽공기를 음미하는 데 만족해야 했다. 그때까지만 해도 바젤에서는 스위스의 이 아담한 도시가 그렇게 유서 깊은 곳이었는지 알지 못했다. 여행의 목적지인 학회 장소에 도착하자 진짜 '바젤 사람들'이 속속 도착했다. 모두 바젤의 제약 회사 경영자들과 연구원들이었다.

세계 10대 제약 회사 리스트를 뽑아 보면 시가총액 1조 6천억 달러의 존슨앤존슨부터 연매출 200억 달러의 일라일릴리까지 맘모스급 다국적 제약사들로 즐비하다. 그런데 거기에 작은 나라 스위스의 제약 회사가 두 개나 포함되어 있다. 우연이라고 생각할 수도 있다. 그런데 이 두 회사가 모두 바젤에 본사가 있고 그곳에 오랜 뿌리를 두고 있다면 이것도 우연일까? 과연 아담한 도시 바젤은 무엇이 특별하길래 세계적인 제약 회사들이 포진하고 있는 것인가.

우리에게 강소국으로 알려져 있는 스위스는 한국처럼 천연자원이라고는 물밖에 없는 나라다. 국토는 대부분 산지와 호수, 빙하이며 토지가 척박하기 때문에 전체 국토의 30%만이 거주지, 산업용지 그리고 농지로 사용된다. 스위스도 먹고살기 위해서는 뭔가 수출을 해야 했기 때문에 일찍부터 산업이 발달하였다. 현재도 공산품의 85%를 수출하고 있다.

바젤은 유럽의 젖줄인 라인강을 끼고 있으며 프랑스, 독일, 스위스가 맞닿는 곳에 위치한 무역의 요충지였다. 가장 이상적인 무역의 중심지로 알려져 오래전부터 프랑스의 육로와 라인강을 타고 교역이 이루어졌다.

바젤을 대표하는 역사적인 인물로 에라스무스Erasmus가 있다. 우리에게는 《우신예찬愚神禮讚》이라는 작품으로 중고등학교 때부터 교과서에 소개된 인문주의자다. 그는 원래 네덜란드 출신으로 사제서품을 받았는데 유럽 각지를 돌며 라틴어, 그리스어 학문을 쌓았다. 그리고 바젤에 정착해서 이곳에서 세상을 뜰 때까지 신약성서를 라틴어와 그리스어로 다시 번역하고 교회개혁을 부르짖으며 카톨릭교회와 종교개혁에 지대한 영향을 끼쳤다. 이런 그가 바젤에 정착하게 된 것은 당시 자주국가 스위스가 유럽전역에서 종교박해를 받던 자들에게 관용적이었기 때문이다. 그리고 당시 바젤이 인쇄산업의 중요한 본거지였기 때문이다. 독일 스트라스부르그에서 시작된 인쇄술은 기계산업과 제지산업이 융성했던 바젤로 전파되어 꽃을 피웠다. 성경책과 고전들이 번역되어 출판되었기에 많은 학자가 모여들었고 인문주의자들과 종교개혁가들의 영향이 두루 미쳤다. 바젤은 수준 높은 학문과 문화 그리고 기술이 잘 융합된 진보적 도시였다.

산업혁명과 종교개혁

무역업자 리이터Johann Jacob Reiter는 영국에서 스위스로 방직기기를 수입하는 일을 했다. 나폴레옹 전쟁이 나면서 영국에 갈 수 없자 스위스에 별도로 기기제작 공장을 세웠고 섬유산업을 독립적으로 발전시켰다. 그에 따라 염색산업도 자연스럽게 발달했다.

1896년 영국의 퍼킨스William H. Perkins는 콜타르에서 아닐린 염색을 만드는 합성기술을 최초로 발견하였다. 이전의 안료(염색약)는 천연 안료

였으므로 이것이 섬유산업의 중요한 이정표가 되었다. 사실 안료기술은 퍼킨스가 말라리아 치료제를 만들려다가 우연히 발견한 기술이다. 이러한 역사적인 사실은 그 후로 안료산업과 제약산업이 연동하여 바젤에서 뿌리 내릴 것임을 예견하고 있었다.

무역업자 요한 가이기^{Johann Rudolf Geigy-Gemuseus}는 1758년부터 화학약품, 안료, 의약품을 바젤로 수입하였다. 그의 손자는 안료 추출공장을 세워 아닐린 합성안료를 생산하였다. 안료 생산기술은 퍼킨스의 특허화된 공정기술이었다. 그러나 스위스는 특허법을 시행하고 있지 않았기 때문에(1907년까지) 가이기 외에 다른 외국인들도 다른 나라의 특허기술을 스위스에서 이용하여 돈을 벌었다. 실제 섬유산업이나 화학산업에서 특허는 상업화에 매우 중요한 도구였기 때문에 당시 독일과 주변 나라들은 스위스를 '도적 국가'라고 비난을 퍼부었다.

또 하나 널리 알려진 기업은 시바^{CIBA}다. 알렉산더 클라벨^{Alexander Clavel}은 1859년에 염색공장을 세우고 아닐린 염색법을 실크 염색에 적용하였다. 그리고 1875년 빈드세들러 부쉬라는 회사에 공장을 팔면서 1884

가이기 가족의 초상화
-1782년 안톤 데빌리 작품

© Novartis AG

년 시바(CIBA, 바젤 화학 회사의 약어)가 탄생했다. 제지산업과 섬유산업(안료산업)의 부흥은 화학산업이라는 더욱 큰 범주로 확장되었다.

종교개혁으로 스위스는 프로테스탄트 편에 서게 되었다. 그러자 카톨릭의 박해를 받던 수많은 프로테스탄트 난민들이 바젤로 피난을 왔다. 이들 중에는 라 로슈La Roche 가족도 끼어 있었다. 라 로슈 가족의 프리츠는 바젤에서 호프만 라 로슈Hoffmann La Roche & Co.를 설립하고 안료나 화학약품으로 사업을 시작한 다른 기업과는 달리 처음부터 제약사업을 시작하였다.

종교개혁은 금융업의 발달도 가져왔다. 로마 카톨릭교회가 이자를 받지 못하게 한 데 비해 무역이 융성했던 바젤에서는 은행업이 자유로웠다. 사업이 번성하여 자본을 축적한 상인들은 새롭고 유망한 사업에 투자했다. 시바에서 경험을 쌓은 알프레드 컨Alfred Kern은 회사를 나와 섬유산업으로 성공한 에두와르드 산도스Edouard Sandoz와 함께 1886년 안료회사를 세웠다.

전쟁을 통해 기회를 잡다

1차세계대전 이전까지 안료산업은 독일이 주도하고 있었다. 전 세계 시장의 약 90%를 BASF, 획스트, 바이엘과 같은 독일계 화학 회사들이 지배했다. 스위스 회사들은 독일 회사들이 내놓는 제품의 가격에 당해 낼 재간이 없어서 가능한 부가가치가 높은 화학제품 위주로 생산하려고 노력했다. 그러던 중 1, 2차세계대전을 겪으면서 산업에도 커다란 변화가 일어났다. 특히 2차대전 중 주변국들이 전쟁으로 인해 폐허로 변해갈 때 스위스의 화학산업은 크게 성장하여 1938~1947년에는 합성안료, 알루미늄, 의약품 등의 수출이 두배로 늘었다. 스위스의 정치적 중립성이 경제적으로 큰 이윤을 안겨준 셈이다. 전시에 독일의 특허가

1909년 섬유안료 합성 실험실

© Novartis AG

몰수되면서 스위스의 화학 회사가 독일의 특허를 자유롭게 사용했다. 그들이 두려워하던 독일의 화학업체들이 전후 잿더미 속에서 다시 일어나기 위해서는 많은 시간이 걸렸다. 이는 바젤의 화학 회사들에게는 기막힌 기회였다.

합성안료 생산이 왕성해지면서 기타 화학제품의 개발도 자연스럽게 이루어졌고 의약제품도 등장하기 시작했다. 산도스는 해열제인 안티피린을 개발하고 1917년부터 제약사업부를 설립하여 본격적인 제약연구를 시작하였다.

로슈는 한때 파산직전의 상황에서 사업구조를 조정하면서 제약업에서 손을 뗄 뻔한 적도 있었다. 그러나 소독약 및 기침감기시럽을 내놓아 무려 60여 년간 판매하였고 20세기 초에는 비타민 생산에 주력하여 비타민 시장의 50~70%을 장악하기도 했다. 그에 비해 시바는 소독제와 류마티스 치료제를 내놓았지만 산도스나 로슈에 비해 제약업의 발전이 더뎠다.

제약업으로 강한 드라이브를 걸다

가장 드라마틱한 전환을 보인 기업은 가이기였다. 가이기 제약사업부의 연구원이었던 폴 뮬러^Paul Müller^는 1939년 유명한 DDT가 살충제 효과를 가지고 있다는 사실을 처음 발견하였다. 당시는 2차대전 중으로 말라리아와 발진티푸스 등 해충으로 인한 질병이 극심했기 때문에 이 사실은 엄청난 반향을 일으켰다. DDT는 점차 널리 확산되었으며 그 공로로 폴 뮬러는 1948년 노벨 생리의학상을 수상한다. DDT는 당시 페니실린 못지않게 전쟁에 중요한 영향을 준 약품이었다.

전쟁 후 DDT는 농약으로도 쓰여 생산량이 급증하고 더욱 확산되었다. 또한 섬유산업에도 중요한 역할을 했다. 살충제가 목화 농사를 도왔기 때문이다. 목화 수확이 늘면 면섬유의 가격이 내려 시바와 가이기는 더 많은 천을 염색할 수 있었다. 결국 가이기는 일거양득의 효과를 보았다.

그 외에도 가이기는 1949년에 부타졸리딘이라는 류마티스약을 출시하면서 정통 제약산업에도 진출하였다. 그 후 11년 만에 제약사업부를

1948년 DTT로
노벨 생리의학상을 수상한
폴 뮬러(1899-1965)

© Novartis AG

만들었는데 1958년 간질약을 내놓으면서 가이기는 세계적인 제약 회사로 입지를 굳히게 된다.

본격적으로 제약산업에 뛰어든 바젤의 기업들은 20세기 중반으로 접어들면서 제품의 경쟁력을 높이기 위해 연구개발 전략을 강화했다. 산도스는 1964년 미국 뉴저지에, 1970년 오스트리아 비엔나에 연구소를 세우고 세계적 수준의 신약개발 연구를 개진하였다.

로슈도 미국 뉴저지와 바젤에 연구소를 세우고 새로운 기술개발에 채찍질하였다. 주목할 것은 바로 바젤의 면역학 연구소 건립이었다. 로슈는 연구소의 운영을 과학자들의 자율에 맡기며 전폭적으로 지원하였다. 세계적인 석학들이 로슈에 매력을 느끼고 몰려들었다. 덴마크 출신 과학자 닐스 제른Niels Jerne이 초대 연구소장을 맡았고 독일의 게오르게스 쾰러Georges Köhler, 일본의 도네가와 쓰스무利根川進와 같은 면역학자들이 활발한 연구를 펼쳤다. 이들 세 명의 과학자는 모두 훗날 노벨상을 수상했다.

인수 및 합병 개시

스위스는 새로운 의약품에 대한 허가가 주변국보다 2년 정도 빠르게 나는 이점이 있었다. 반면 약의 가격이 높았는데 이는 바젤의 제약 회사들이 형성한 카르텔 때문이었다. 1918년 산도스, 시바, 가이기는 바젤연합이라는 협약을 맺었는데 이는 대부분 약 가격에 대한 협약이었고 그외 리베이트와 광고도 포함되었다. 이 협약은 1950년 법적으로 금지되었지만 이후에도 기업 간의 협약이 빈번하게 이어졌다. 그래서 바젤의 제약 회사들 간에는 협력이 잦았고 회사와 회사 사이에 인력의 이동도 빈번했다. 결국 이러한 요인들이 기업합병의 불씨가 되었다.

첫 번째 대규모 합병은 가이기와 시바 사이에 일어났다. 그 계기는 두 회사가 공동투자하여 미국 뉴저지주 톰스리버에 화학공장을 건설한 것에서 시작된다. 두 회사는 자신들이 가지고 있는 사업부가 서로 상호 보완적이라는 것을 깨달았다. 합병이 시너지를 가져올 것이라 확신했고 앞으로 경쟁사들에 대항하기 위해서는 꼭 합병해야 한다고 생각했다. 결국 1970년 가이기가 시바를 인수하는 방식으로 합병하여 회사 이름을 시바-가이기Ciba-Geigy라고 명하였다.

산도스는 사업 다각화를 위해 인수를 추진하였다. 1963년 오스트리아의 항생제 회사 바이오케미Biochemie를 흡수함으로써 발효기술과 생명공학기술을 확보했다. 그리고 반더Wander, 델마르크Delmark, 스웨덴의 바사Wasa, 아기 이유식을 만드는 거버Gerber를 인수하여 식품산업으로 다각화를 시도하였다.

바젤 제약산업의 역사를 장식하는 합병은 1996년에 있었다. 그것은 시바-가이기와 산도스의 합병이었다. 당시 시바-가이기는 세계에서 아홉 번째 큰 제약사였으며 산도스는 열네 번째였다. 이들은 회사명을 '새로운 기술'이라는 뜻의 노바티스Novartis라고 지었다. 노바티스는 당시로는 세계에서 두 번째로 큰 거대 제약 회사가 된다. 이후 머크와 아스트라제네카의 농화학사업을 인수하여 신젠타라는 회사를 만들어 독립시키고, 같은 해 독일의 BASF의 제네릭 제약사업을 인수하였다. 2000년에 들어와 노바티스는 세 개의 사업부로 구조를 나누고 향후 신약의 공급원이 될 회사 중앙연구소를 하버드대학과 MIT가 위치한 미국 메사추세츠의 캠브리지로 옮겼다.

초대형 제약 회사가 된 노바티스는 한때 로슈 전체 주식의 1/3을 확보하며 로슈를 긴장시켰다. 아마도 로슈마저 인수하여 바젤 제약산업의 천하통일을 구현하려고 했던 것 같다. 그러나 노바티스는 거기에서 멈춰 아직 로슈의 대주주로만 머물러 있다.

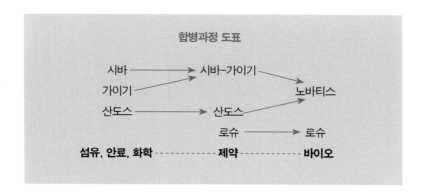

합병과정 도표

섬유, 안료, 화학 ---------- 제약 ---------- 바이오

바젤의 미래는 바이오에 달렸다

로슈 또한 해외 제약 회사에 관심을 두고 인수를 계속해 왔다. 로슈의 인수합병 역사 중에 가장 주목할 만한 것은 1990년 진행된 제넨텍 지분의 인수였다. 로슈는 미국 바이오의 원류라고 할 수 있는 제넨텍의 최대주주가 됨으로써 미래 바이오 세계에 포석을 깔게 된 것이다.

로슈가 어떠한 혜안이 있어서 그런 움직임을 감행한 것인지는 알 수 없다. 하지만 필자는 당시의 거래를 '예언적인 판단'이었다고 평가하고 싶지는 않다. 바젤의 제약 회사들은 그동안 가장 중요한 시장이자 첨단 기술의 근원이라고 할 수 있는 미국에서 일어나고 있는 새로운 트렌드에 민감하게 반응해 왔다. 그들이 할 수 있는 것이라고는 미국 제약 회사보다 먼저 움직여 재빠르게 투자함으로써 이들과의 경쟁에서 결코 밀리지 않는 것 뿐이었다. 로슈는 그 후 신텍스^{Syntex}라는 호르몬제제 및 정밀화학 회사를 인수해 로슈 바이오사이언스로 계열에 편입시켰다. 로슈는 이 부문으로 자체적인 바이오사업을 시작했다.

노바티스로 합병되기 이전의 시바-가이기는 당시 미국의 3대 바이오 회사였던 카이론^{Chiron}의 지분을 인수했다. 1994년 카이론의 지분 49.9%를 인수하여 최대주주가 되었고 마치 로슈가 제넨텍에게 허락한 것과 같이 경영권은 그대로 유지시켰다. 노바티스로 합병된 시바-가이기는 2005년에 나머지 지분을 51억 달러에 인수하면서 카이론을 완전

히 흡수했다. 카이론은 현재 백신 및 진단 부문을 담당하며 노바티스의
미래를 책임지고 있다. 바이오의 씨를 뿌린 것은 미국이었지만 정작 열
매를 거두어 들인 것은 바젤의 제약 회사들이었다.

전통적인 제약 회사인 노바티스와 로슈는 과거 섬유, 염색공업, 화학
산업에서 진화되어온 것처럼 앞으로도 계속 진화할 것이다. 이들은 어
떤 모습의 기업으로 변신할까? 당연히 바이오 회사가 될 것이다. 노바
티스는 이미 전체 신약 후보군의 25%가 바이오 신약으로 포진되어 있
다. 그리고 인수한 카이론의 인프라를 바탕으로 백신 시장에서도 자리
잡을 것이다.

로슈는 2009년 제넨텍을 완전 흡수하면서 명실공히 완전한 바이오
회사로 탈바꿈하였다. 현재 로슈의 주력제품은 대부분 제넨텍에서 개
발된 신약들이다. 제넨텍의 인수로 로슈는 단번에 세계 최대의 항암제
회사로 등극했다.

과거 제지, 염색산업, 화학산업을 주도했고 오늘날 제약산업까지 평
정하고 있는 바젤은 조만간 바이오산업의 중심지가 될지도 모른다. 과
거 에라스무스의 시대로부터 시작된 바젤의 문화와 과학기술 그리고
산업의 발전이 결국 바이오로까지 연결되고 있는 점은 참으로 인상적
이고 흥미롭다.

기린과 교와하코
─맥주에서 바이오까지

맥주는 반주, 야구는 안주

하루하루가 외롭고 힘에 부치던 일본 연수시절, 하루 중 가장 기다려지던 것은 저녁식사 시간이었다. 음식을 만드는 게 귀찮았던 나는 연구소 길 건너편에 있는 중국음식점에서 일본 사람들과 뒤섞여 야구경기를 보며 저녁을 사 먹곤 했다. 당시 일본에 사는 한국인이라면 야구에 흥미가 없더라도 '나고야의 태양' 선동렬과 '야구의 천재' 이종범이 나오는 주니치 팀의 경기는 꼭 챙겨 봤다. 주니치의 경기가 있는 날마다 TV 중계를 보며 저녁을 먹다 보면 하루의 피로가 싹 풀렸다. 늘 먹던 매콤한 소스를 버무린 새우덮밥의 맛은 정말 일품이었다. 한국의 매운 음식

이 그리우면 이 요리를 시켜 차갑고도 구수한 기린 생맥주キリン 生ビー
ル와 함께 즐기곤 했다. 이종범이 안타를 칠 때 혼자 맥주잔을 들고 일
어나 응원하던 일이 생각난다. 그때 그 맥주의 구수한 맛과 목넘김을
생각하면 아직도 입안에 침이 고인다.

기린 맥주의 발전

이미 한국에도 기린이나 아사히 브랜드의 맥주가 들어온 지 오래다. 일
본 맥주는 확실히 한국이나 미국 맥주에 비해 쌉쌀한 맛(쓴맛)이 덜한데
아마도 일본 사람들의 오래된 취향이었던 모양이다.

일본인들의 맛을 처음 간파한 사람은 일본인이 아닌 노르웨이계 미
국인 윌리엄 코프랜드William Copeland였다. 구두 수선공의 아들로 노르웨이
의 맥주 회사 아렌달Arendal에서 독일식 맥주양조법을 배운 그는 서른 살
이던 1865년 일본 요코하마에 온다. 그는 요코하마 근교에서 물맛이 좋
은 지하수 근원을 발견하고 스프링 밸리 양조장이라는 회사를 차린다.
그는 일본인들이 쌉쌀한 맛이 덜한 맥주를 좋아한다는 것을 알고 부드
럽고 구수한 맛의 맥주를 출시하여 성공했다. 그러나 자금상의 문제로
어쩔 수 없이 공장을 매각한다.

코프랜드는 노르웨이로 잠시 귀국했다가 일본으로 다시 돌아와 회사

를 차렸지만 1902년 세상을 떠났고, 지금은 요코하마 명소 중 하나인 '외국인 묘지'에 묻혀 있다. 그가 세운 양조 회사는 오늘날 기린맥주의 근원이 되었다. 기린맥주는 그를 일본 맥주양조의 선구자로 추대하며 기리고 있다.

코프랜드의 양조장을 인수한 재팬 브루어리^{Japan Brewery company}는 초기에는 영국, 미국계 경영자와 독일 기술자들에 의해 운영되었다. 그러나 결국 일본인에게 넘겨지고 1907년 기린맥주라는 이름으로 재탄생하였다. 그 이후 기린맥주는 금융, 전자, 자동차로 잘 알려진 일본의 재벌 미쓰비시에 매각되어 그 계열사로 편입되었다.

기린은 1943년에 중앙연구소까지 갖추어 맥주 양조를 연구하는 등 일본 최대 맥주 회사로 독주했다. 1970년대부터는 위스키, 청량음료 등의 사업에 뛰어들기도 했다. 그러나 국내 1위 맥주 회사라는 안일함은 경쟁사인 아사히맥주의 강한 공격을 허용하였고 결국 시장의 판도는 바뀐다. 아사히맥주는 젊은이들의 입맛을 사로잡은 '수퍼드라이' 맥주로 기린의 판매를 크게 앞질러 80년대 후반 단숨에 매출 1위 자리를 빼앗았다. 뒤늦게 정신을 차린 기린은 이찌방시보리一番搾り 등 새로운 브랜드로 정상 탈환을 노렸지만 역부족이었다. 그 후 기린은 늘 아사히를 뒤쫓는 신세가 되어 버렸다.

기린과 아사히의 이야기는 한국의 기성세대들에게 낯설지 않을 것이다. 우리나라의 OB맥주와 크라운맥주(현재 하이트맥주)의 판박이이기 때

문이다. 만년 2위였던 크라운맥주도 1990년대 '하이트'라는 브랜드로
단숨에 1위 자리를 빼앗았다.

바이오사업 진출

기린은 1980년대 중앙연구소를 양조 부문, 의약 부문, 농작물 부문으로
분리하고 제약사업에도 본격적으로 진출했다. 그런데 기린이 추구하
고자 한 제약사업은 전통적인 제약이 아닌 당시 일본 산업계에서도 생
소했던 바이오사업이었다. 기린은 당시 미국의 작은 벤처회사였던 암
젠Amgen의 제품인 EPO를 눈여겨보고 전략적 제휴를 맺었다. 암젠에 천
2백만 달러를 투자하고 '기린-암젠'이라는 조인트 벤처사를 설립한 것
이다. 이렇게 기린은 EPO에 대한 일본과 아시아 판권을 확보하였다.
당시 암젠은 일본뿐만 아니라 전 세계를 다니며 투자를 유치했었는데
그중에는 한국의 제일제당(현재 CJ제일제당)과 같은 회사들도 끼어 있었
다. 만약 제일제당이 암젠에 투자했었다면 지금쯤 어떻게 되었을까 살
짝 아쉬움이 남는다.

맥주 회사가 바이오를 신사업으로 결정하면서 당위성을 찾는 것은
그리 어렵지 않았다. 특히 기린맥주 중앙연구소는 오래전부터 효모균
주개발과 발효생산공정을 연구해 왔으므로 바이오에 접목하는 데 유리

한 위치에 있었다.

또 한 가지 강점을 가지고 있었으니 그것은 바로 맥주'병'이었다. 처음 그 기술에 대한 설명을 들었을 때 참 기발하다는 생각을 했다. 이 세상에서 병bottle을 가장 잘 다룰 수 있는 회사는 어떤 회사일까? 아마도 음료수나 맥주 회사일 것이다. 1998년 일본동물세포공학회JAACT에 참석한 기린의 발표자는 과학자가 아닌 나이가 지긋한 엔지니어였다. 그가 영어를 전혀 못해서 나는 그의 발표내용을 이해하려고 무척이나 애썼던 기억이 있다. 그는 맥주병을 다루는 공정을 바이오 생산공정 중 하나인 세포배양(재조합 EPO 생산) 용기 취급에 적용한 사례를 발표했다.

쉽게 말하자면 맥주공장에서 병을 다루는 공정을 바이오 생산공정에

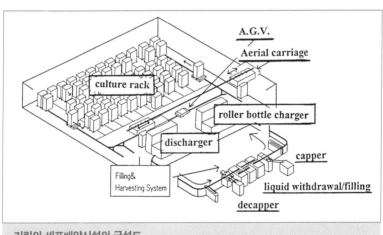

기린의 세포배양시설의 구성도.
맥주공장의 공정을 도입한 흔적을 볼 수 있다.

출처- Journal of Biotechnology 52 (1997) 289-294

이용한다는 것이다. 당시 세포배양공정의 문제점은 자동화가 어렵다는 것과 작업자들로 인해 오염이 될 수 있다는 것이었다. 맥주공장의 시스템은 이런 두 가지 문제점을 해결할 수 있었다. 무인 운전이 가능하여 생산성 향상은 물론 완전무균공간에서 바이오 의약품 EPO를 생산할 수 있다는 것이다. 그의 발표는 나를 포함해 학회에 참여한 수많은 과학자의 감탄을 자아내었고 큰 박수를 받았다.

교와와 전격 합병

2000년대에 일본의 맥주 소비는 급감하여 1990년대 초 수준으로 떨어졌다. 일본의 신세대들은 맥주 대신 와인을 즐겼고 무알콜 음료수를 더 선호했다. 맥주로 기린의 미래를 보장하기가 어려워 보였다. 2007년 10월, 기린은 일본의 대표적 발효 회사인 교와하코코교協和醱酵工業를 전격 인수한다고 발표했다. 교와를 기린의 바이오 부문과 합병한다는 계획이었다. 일본 국내외 애널리스트들과 주주들은 모두 인수 발표를 반겼다.

교와는 일본의 세 양조 회사 다카라, 고도, 다이니폰이 1936년 컨소시엄으로 세운 발효전문 회사다. 초기에는 교와화학이라는 이름으로 정종, 에틸알코올, 아세톤, 부탄 등을 생산했고 2차대전 후에는 페니실린도 생산했다. 1950년대에는 식품사업에도 진출하여 아미노산과 조미료 등을 생산했다. 1956년에는 세계 최초로 미생물의 대사를 조절하여 아미노산 생산성을 올렸다. 그후 교와는 바이오기술로 사료용 라이신, MSG 등을 생산하여 세계 시장의 주요공급사로 급부상하였다. 현재에도 교와는 미국의 AMD, 한국의 CJ제일제당 등과 함께 아미노산 발효에 있어서 최대 공급업체로 꼽히고 있다.

교와는 1990년대 말 포텔리전트Potelligent라는 기술을 개발하면서 바이오 회사로 이미지를 전환시켰다. 이 기술은 바이오 의약품의 종류 중 하나인 치료용 항체의 역가를 100배 증강시키는 획기적인 기술이다. 이를 바탕으로 교와는 자체 신약을 개발하고 있으며 미국의 제넨텍을 포함하여 세계적인 바이오 회사, 제약 회사들에 라이센스를 제공하고 있다.

이미 준비된 바이오업체였던 교와와 합병한 기린은 바이오로 다시 한 번 옛 영광을 실현하려고 포효하고 있다. 100여 년 전 서양으로부터 맥주기술을 선물받은 기린이 이제는 새로운 바이오기술로 그에 대한 답례를 하고 있는 듯하다. 버젓한 바이오 회사가 된 교와하코-기린協和醱酵-麒麟의 앞으로의 큰 활약이 기대된다.

제4장

바이오기업들의
춘추전국시대

Bioindustry

혈액에서
항체 치료제까지

드니의 동물혈액 수혈

태양왕 루이 14세에게는 장 밥티스트 드니Jean Baptist Denis라는 주치의가 있었다. 드니가 시도했던 시술 중 오늘날 의학사에 기록되어 있는 흥미로운 장면이 있다. 바로 '수혈'에 관한 것이다.

1667년 6월, 드니를 찾아온 16세의 젊은 환자는 심한 고열에 시달리고 있었다. 당시에는 열을 떨어뜨리기 위해 환자의 피를 뽑기도 했기에 드니는 체온을 낮춘다는 목적으로 혈액을 뽑았다. 하지만 환자는 정신이 혼미해지고 몸을 잘 움직이지 못했다. 오히려 상태가 더 나빠지는 것 같았다. 피를 너무 많이 뽑았다고 생각한 드니는 환자에게 약 9온스(약

250그램)의 혈액을 주입했다. 그런데 주입한 혈액은 사람의 것이 아닌 양의 혈액이었다.

드니는 동물의 혈액이 인간의 혈액에 비해 더 깨끗하고 순수하다고 생각했다. 동물의 젖을 사람이 먹기도 하니까 혈액도 안전할 것이라고 믿었다. 환자 역시 수혈 후 팔에서 열이 느껴진다는 것 외에는 별다른 증상을 말하지 않았다. 성공적(?)인 치료였다. 드니는 이런 식의 수혈을 세 명에게 추가로 시행했다. 그중에는 45세의 남성과 스웨덴계 귀족 남작도 있었다. 그러나 네 번째 시술은 그에게 마지막 수혈이자 역사에 남는 시술이 되었다.

1667년 겨울, 34세의 광인狂人 앙트완 모로이는 엄동설한의 파리 시

17세기 서적에 게재된 그림으로
양으로부터 수혈을 받는 모습

출처- Purmann MG. Grosser und gantz
neugewundener Lorbeer-Krantz oder
Wund-Artzney. Franckfurt: M. Rohrlach-
Leipzig, 1692.

내에서 길을 헤매고 있었다. 경찰은 미쳐 날뛰는 그를 붙잡아 드니에게 후송하였다. 이 광인은 지난 수년간 자신의 아내를 폭행하고 자기 옷을 찢고 거리에서 날뛰며 심지어 방화까지 했다. 그는 전형적인 정신질환자의 병력을 가지고 있었다.

드니의 후견인이었던 몽모르트는 수혈로 치료하는 것을 제안하였다. 당시에는 혈액의 상태가 기질(기분)에 영향을 준다고 생각했기 때문이었다. 드니는 한술 더 떠 온순한 어린 송아지의 혈액를 수혈한다면 모로이에게 그 성질이 전해질 것이라고 맞장구를 쳤다. 결국 모로이는 송아지의 피를 수혈받게 되었고 그 역시 팔에 뜨거움이 느껴지는 것 말고는 별다른 이상이 없었다.

며칠 후 모로이는 더욱 많은 양의 송아지 피를 수혈받았는데 이번에는 복통을 느끼며 숨막힘을 호소하였다. 드니는 당장 수혈을 멈췄다. 그러나 환자는 이내 구토를 하고 시커먼 소변을 보기 시작했다. 혈구가 터지면서 소변으로 배출되는 것이었다. 물론 당시에는 원인을 몰랐다.

그런데 신기하게도 환자는 이런 증세가 회복되었을 뿐만 아니라 놀랍게 안정을 찾았고 정신도 다시 돌아왔다. 드니는 아내에게 폭언을 퍼부으며 주먹을 휘두르던 자가 수혈을 받고 마법에 걸린 것처럼 나았다고 기록했다.

그러나 모로이는 완치된 것이 아니었다. 그 후 병이 재발했고 다시 수혈을 계획하고 시술하기도 전에 사망하고 말았다. 사망 원인은 드니의 수혈 때문이 아닌 아내의 독살로 밝혀져 사람들을 경악케 하였다.

모로이의 사망 후 드니의 '동물 수혈법'은 논란을 더욱 가중시켜 수혈 자체가 금지되고 그 후 150년간 실행되지 못했다. 수혈은 20세기에 들어와서야 독일의 란트스타이너에 의해 ABO식 혈액형이 규명된 이후 시행되었다.

근대의학에서의 수혈과 혈액제제

기괴한 '동물수혈'은 사라진 지 오래다. 이제는 인간의 헌혈을 통한 수혈만이 존재할 뿐이다. 수혈은 현대의학의 발전에 따라 보편화되었다. 오늘날에 없어서는 안될 중요한 시술이다. 수혈 덕에 수많은 생명을 구했다 해도 과언이 아니다. 수혈의 목적도 점차 분명해져 주로 외상이나 큰 수술을 하는 경우에 빈번하게 사용된다. 그밖에 심한 출혈을 초래하는 질환, 혈액성분을 파괴하는 질환, 혈우병과 같이 혈액 내에 필요한 성분을 만들어내지 못하는 질환에 활용되고 있다.

피가 물보다 진한 것은 당연하다. 여러 가지 성분이 들어 있기 때문이다. 혈액에는 적혈구, 백혈구, 혈소판과 같은 세포들과 알부민, 응고인자, 면역글로불린(항체) 같은 단백질 등 매우 다양하고 중요한 요소가 포함되어 있다.

헌혈로 얻어진 혈액은 환자들에게 그대로 수혈하기도 하고(전혈) 필요에 따라 혈액을 각각의 성분으로 분리시키기도 하는데, 이렇게 분리시켜 만든 것을 의학 용어로 혈액성분제제라고 한다. 혈액성분제제를 수혈하는 것을 성분수혈이라고 하는데 이는 환자에게 필요한 혈액성분만 수혈하는 것이다. 혈액성분제제를 사용하면 특정 성분이 다량으로 필요한 환자에게 적절한 성분을 충분히 공급할 수 있다. 또 한 사람이 헌혈한 혈액으로 여러 명의 환자에게 혜택을 줄 수 있는 경제적인 효과가 있다. 혈액성분제제는 필요에 따라 적혈구, 백혈구, 혈소판 등의 여러 형태로 분리할 수 있다.

그중 혈장분획제제(PLASMA DERIVATIVES, 일반적으로 혈액제제라고 부름)는 혈장 중에 미량 존재하는 성분을 대량의 혈장으로부터 추출하여 농축시킨 것이다. 이 혈장분획제제에서 나오는 성분, 즉 알부민, 혈액 응고인자, 면역글로불린 등은 사실 오늘날의 바이오 의약품과 성분상 다름이 없다.

유전공학을 기반으로 한 현대의 바이오기술이 없었던 때 치료용 단백질들은 모두 이렇게 혈액, 혈액제제로부터 얻었다. 2차대전 이후 급속하게 발달한 혈액제제산업으로 사실상 오늘날 바이오산업의 밑바탕이 되는 모든 기술이 정착되었다. 이들 혈액제제들을 약으로 사용하기 위해 승인을 받으려면 일반 의약품과 마찬가지로 동물실험, 임상실험 등을 거쳐야 했다. 또한 단백질의 정제법, 제제화, 포장법 등 중요한 생산기술이 새롭게 개발되고 빠르게 발전하는 데에도 많은 영향을 끼쳤다. 따라서 혈액제제 공정을 통해 오늘날 현대 바이오의약 공정이 마련되었다고 할 수 있다.

혈액제제 단백질 중 가장 널리 알려진 약물은 제8인자$^{\text{Factor VIII}}$라고 불리우는 응고인자다. 혈우병이라는 질병은 응고인자의 부족이나 기능적으로 문제가 있어 혈액의 응고가 일어나지 않는 질병인데 혈우병 환자들은 이 응고인자를 맞아야 정상적인 생활을 할 수 있다.

또 하나 꼽을 수 있는 것이 정맥용 면역글로불린$^{\text{IVIG, Intravenous Immunoglobulin}}$인데 이것은 항체抗體다. 혈장에 존재하는 감마글로불린^{IgG}의 풀^{Pool}로서 오늘날 면역결핍증, 염증이나 자가면역증 또는 급성 감염증상에 사용된다. 쉽게 말해 건강한 사람의 항체를 주입하여 증상을 단기적으로 경감시킨다는 개념이다. 혈액제제로 성장한 기업으로는 미국의 벡스터^{BAXTER}, 스위스의 세레노(SERENO, 현재 MERCK-SERONO), 독일의 바이엘^{BAYER}등이 있다. 한국에는 유사한 기반을 가지고 있는 제약 회사로 녹십자가 있다.

혈액제제의 문제

그러나 수혈이나 혈액제제는 어느 정도 감당해야 할 리스크가 있다. 혈액에 숨어 있을 수 있는 위험한 병원체의 존재 가능성 때문이다. 헌혈을 하는 사람들 중에는 에이즈나 간염, 성병 등의 감염자나 보균자들이 얼마든지 있을 수 있다. 또한 최근에 많은 사람을 공포에 떨게 한 광우병이나 그외 현대 과학기술로는 밝혀내지 못한 병원체도 있을 것이다.

실제로 1980년대 일본에서는 약해에이즈사건藥害エイズ事件이 있었다. 이것은 일본 내 혈우병 환자들이 에이즈에 감염되면서 불거져 나온 사건으로, 오염된 혈액제제를 생산하던 제약 회사 미도리주지綠十字가 관련되었다. 이 사건으로 인해 미도리주지의 사장은 구속되어 2년의 징역이 선고되었고 회사는 풍비박산이 나 이후 미쓰비시제약으로 합병되었다. 일본뿐만 아니라 에이즈 바이러스에 오염된 혈액의 문제는 1990년대 프랑스에서도 발생하였다. 이러한 사건 후 혈액제제는 더욱 엄격한 관리 속에서 처리, 생산되었고 우리에게 없어서는 안될 중요한 의약품으로 활용되고 있다.

그래도 근본적으로 오염의 리스크가 없는 단백질제제 개발의 필요성은 계속적으로 거론되었다. 혈액제제 외에도 가축이나 시신의 장기에서 추출하는 단백질제제 또한 리스크가 있기는 마찬가지였다. 그렇다면 오염이 없고 순도가 높으며 인간의 것과 가장 유사한(혹은 동일한) 단백질을 의약품으로 쓴다면 가장 이상적이지 않겠는가?

이런 문제에 대한 해결방법을 제시한 것이 유전공학을 바탕으로 한 바이오기술이었다. 바이오기술로 병원체가 존재하지 않을 만한 깨끗한 세포에서 원하는 단백질 유전자를 생산할 수 있었다. 이는 마치 원판과 다름없는 사진을 칼라 복사기에서 깨끗하게 복사하는 것과 같은 개념이다. 바이오기술은 한발 나아가 혈액에 미량 존재하는 호르몬, 증식인자들을 대량생산할 수 있도록 했다. 이것이 바로 적혈구 증식인자^{EPO}, 인터페론, 콜로니증식인자^{CSF}와 같은 단백질이다.

바이오의 블루오션, 항체

초등학교 때부터 배웠지만 항원-항체라는 용어는 자주 헷갈린다. 쉽게 생각해서 항원이라는 단어의 '원'자를 병원균이라는 이미지로 연결해 보자. 항체는 '체'자를 살려 방어체라는 이미지로 생각해 보자.

항체는 우리 몸의 가장 강력하고 조직적인 방어체다. 백혈구가 분비하는 단백질의 일종으로 침입자에 선택적으로 가서 강하게 엉겨붙는다. 마치 마약의 냄새를 맡고 범인을 향해 달려드는 경찰견들 같다고나 할까. 인해전술로 공격하는 불개미떼와 같다고나 할까.

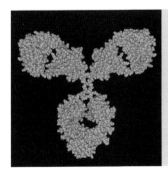

항체분자의 구조

© Roche

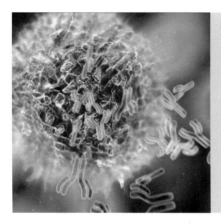

리툭시맙이라는 항체가
암세포를 공격하는 가상도

© Roche

　항체의 뛰어난 선택성과 접착성은 약물 개발에도 큰 도움이 되었다. 선택성이 뛰어나다는 것은 다른 것에는 붙지 않고 의도하는 것에만 붙는다는 의미다. 처음에는 이러한 항체를 진단용으로만 사용했다. 그러나 대상을 우리 의도대로 정해 공격할 수 있다는 장점 때문에 곧 치료용 약물로 개발하게 되었다. 처음에는 질병에 대한 방어(진단)용으로 개발한 것을 이제는 공격(치료)용으로 사용하게 된 것이다. 공격의 타깃은 암세포가 될 수도 있고 외부에서 침입한 세균이 될 수도 있다. 때로는 몸안에 염증을 일으키는 인자를 타깃으로 정하기도 한다. 항체는 기가 막히게 타깃에 엉겨붙어 그 기능을 무마시킨다. 그러면 지나가던 면역세포가 2차적인 공격을 감행하기도 한다.

　암을 잡는 항체로 가장 유명한 제품이 제넨텍에서 나오는 허셉틴Herceptin과 아바스틴Avastin이다. 허셉틴의 이름은 유방암세포 표면에 있는

Her2라는 분자에서 나온 것이다. 허셉틴은 Her2가 있는 유방암세포에 선택적으로 붙어 공격하는 항체다. 이에 비해 아바스틴은 혈관생성인 자^{VEGF}에 붙는다. 아바스틴으로 혈관 생성이 억제되면 암세포는 그 자리에 묶여 암은 퍼지지 못한다. 이를 화학요법과 병행하면 대장암과 같은 무서운 암도 다스릴 수 있다.

이 책의 프롤로그에서 소개한 시너지스는 메드이뮨에서 개발한 항체다. 이 약물은 신생아의 생명을 위협하는 소아 호흡기 세포융합 바이러스를 타깃으로 한다. 따라서 이 경우는 항바이러스제로 작용하는 것이다.

종합헬스케어그룹 존슨앤존슨 계열인 센토코^{Centocor}에서는 TNF라는

항체를 생산할 수 있는 대규모의 세포배양시설

© Bristol-Myers Squibb

단백질인자에 붙는 항체를 개발했다. TNF는 염증 현상과 관련된 인자다. 이것은 레미케이드^{Remicade}라는 제품으로 개발되어 오늘날 류마티스 관절염에 사용되고 있다.

최근 출시되어 그 활약이 아주 기대되는 앰젠의 프롤리아^{Prolia}도 항체다. 프롤리아는 RANK라고 하는 신호단백질에 붙는다. RANK는 뼈의 퇴화를 촉진시키기 때문에 이것을 제거하면 골다공증을 막을 수 있다. 프롤리아는 매우 효과가 좋고 부작용도 없어서 골다공증 환자 수가 천만 명이 넘는 미국에서 곧 폭발적인 인기를 누릴 것이라 생각된다.

항체 제품들은 오늘날 전 세계 약 400억 달러의 시장을 형성하고 있고 두 자리수 성장률로 팽창하고 있다. 게임은 이제 겨우 시작이다. 앞으로 더 놀라운 항체 제품들로 펼쳐질 블루오션을 기대해 본다.

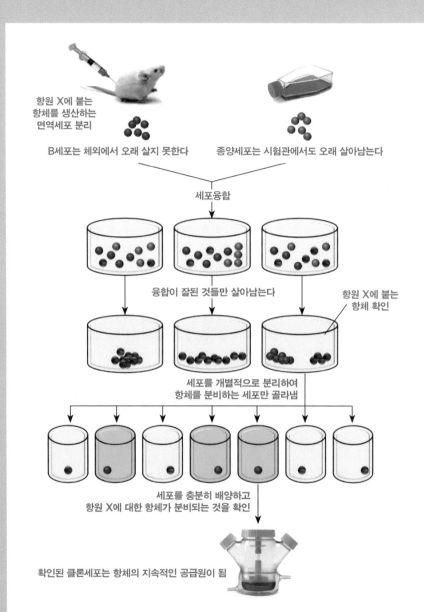

항원 X에 붙는
항체를 생산하는
면역세포 분리

B세포는 체외에서 오래 살지 못한다   종양세포는 시험관에서도 오래 살아남는다

세포융합

융합이 잘된 것들만 살아남는다   항원 X에 붙는
                                         항체 확인

세포를 개별적으로 분리하여
항체를 분비하는 세포만 골라냄

세포를 충분히 배양하고
항원 X에 대한 항체가 분비되는 것을 확인

확인된 클론세포는 항체의 지속적인 공급원이 됨

BIO TECHNOLOGY
단일군항체
만들기

특정 항원antigen 'X'에 대한 항체antibody를 만들기 위해서는 동물의 면역체계를 빌려야만 한다. 일반적으로 단일군항체monoclonal antibody 제조를 위해서는 생쥐에 항원 X를 주사하는 단계로 과정이 시작된다. 항원 X는 생쥐의 몸에 들어가 면역반응을 일으키고 생쥐로 하여금 항원 X에 대한 항체를 만들게 한다.

항체는 B세포라고 불리는 면역세포가 분비하는데 단일군항체를 만들기 위해서 B세포를 혈액에서 분리해내야 한다. 그런데 일반적으로 면역세포는 혈액에서 분리되어 오랫동안 살지 못한다. 보통 몇 세대generation를 살다가 사멸한다. 따라서 B세포를 죽지 않고 영원히 분열하는 불멸(?)의 세포로 만들기 위해 종양(암)세포와 인위적으로 융합fusion을 시킨다.

융합된 세포는 융합이 잘 된 세포들만이 살아남는 배지 조건에서 배양하며 항원 X에 대한 항체를 만들어내는지 확인을 한다. 그러면서 융합세포(하이브리도마)들은 개별 세포로 분리된다.

결국 이러한 과정을 통해 융합이 잘 일어난 세포 중 X에 대한 항체를 왕성하게 생산해내는 하이브리도마 세포주를 얻을 수 있다. 이것은 항체에 대한 유전자를 가지고 있는 세포주이므로 향후 치료용 항체를 만드는 데 기본틀을 제공하는 세포가 되기도 한다.

류마티스 치료제
-고통의 역사

영화 '이너스테이트'

제이슨은 자신의 증상을 여섯 살 생일에 처음 발견했다. 선물로 받은 카우보이 부츠를 신기 위해 발을 넣자 살갗이 일어나는 것 같은 통증이 느껴졌다. 그리고 나타나기 시작한 커다란 붉은 반점은 점차 전신으로 번지기 시작했다. 가렵기도 하고 각질이 생기기도 하는 이상한 피부병은 그의 몸 70% 이상을 덮어 버렸다. 열 살 때 친구와 동네 수영장에 갔는데 그를 본 아이들의 부모들은 모두들 질겁하며 자신의 아이들을 물 속에서 끌어냈다. 제이슨의 피부병은 사람들에게는 공포감을 주었으며, 제이슨 자신에게는 잊을 수 없는 육체적, 정신적 고통을 안겨주었다.

레이는 형의 뒤를 이어 자동차 레이서를 꿈꾸는 젊은이다. 2001년 어느 날 그에게 엄습한 심한 복통과 설사는 점차 심해졌고 회복되지 않았다. 레이는 30분에 한 번 꼴로 화장실을 들락거렸고 심할 때는 3분 단위로 힘들어했다. 그의 형이 나스카^{NASCAR}경주대회에 참가할 때에도 그는 트랙은 고사하고 소파에 앉아서 TV조차 볼 수 없을 정도가 되었다. 120킬로그램의 거구였던 그의 몸은 70킬로그램 미만으로 줄었다. 이제는 홀로 걷기조차도 힘들었다.

제니의 증상은 더욱 지독한 통증을 수반하는 경우다. 어느 날 우연히 벤치에 앉는 순간 뜨끔하게 느껴졌던 고관절의 통증은 날이 갈수록 강해졌다. 그리고 그녀의 몸에 있는 모든 관절로 퍼지기 시작했다. 작은 미동이나 자극에도 송곳으로 찌르는 듯한 통증이 그녀를 괴롭혔다. 귀여운 외모에 가수를 꿈꾸는 소녀 제니는 통증이 심해지면 무조건 응급실로 가야 했다. 공연 무대에 오르기 전까지 휠체어의 신세를 졌던 적도 있다.

제이슨, 레이 그리고 제니의 이야기는 2007년 개봉한 다큐멘터리 영화 '이너스테이트^{Innerstate}'에 나오는 실제 환자들의 이야기다. 다큐멘터리 전문 제작자인 크리스 발렌티노가 제작한 이 영화는 아주 잔잔한 톤에 비해 실제 환자들의 발병과 투병, 치유 과정까지 생생하게 묘사한 작품이다. 이 다큐멘터리 영화는 존슨앤존슨 계열의 바이오 회사인 센토코의 지원을 받아 만들어졌다.

　이 영화는 환자와 일반인들에게 생소했던 질병들의 실상을 보여주는 좋은 교육용 자료 역할을 하고 있는데 이것이 제작의 가장 큰 의도였다. 세 명의 환자들이 겪은 증상은 전혀 다르게 보인다. 제이슨은 건선, 레이는 창자에 염증이 생기는 크론병, 제니는 일반인들에게도 잘 알려져 있는 류마티스 관절염이다. 그러나 이 질병들은 공통적인 면이 한 가지 있다. 모두 면역질환에 속한다는 것이다. 좀 더 구체적으로는 자가면역질환이라고도 한다. 쉽게 말해서 면역시스템이 자신의 신체를 공격하여 손상을 주는 질병이다. 공격의 타깃이 피부가 되면 건선으로 발전하며, 소화기관의 경우 크론병, 사지의 관절일 경우에는 류마티스 관절염이 된다.

관절염 특효약?

자가면역질환 중 가장 잘 알려져 있는 것이 류마티스 관절염이다. 관절염은 퇴행성 관절염과 류마티스 관절염 등 여러 가지가 있는데 노인들에게 많이 볼 수 있는 것은 퇴행성 관절염이다.

　기원전 4500년경의 것으로 추정되는 아메리칸 인디언뼈에서도 관절염의 흔적을 발견했다고 하니 상당히 오래된 질병이라고 할 수 있다.

그만큼 오래전부터 치료법도 개발되어 왔음에도 퇴행성인지 류마티스인지에 대한 구분은 최근에서야 가능해졌다. 워낙 난치병이라 오래전부터 전승되어온 민간요법도 부지기수다. 필자의 외조모께서도 관절염으로 많이 고생하셨는데 치료를 위해 고양이를 많이 고아 잡수셨다고 한다. 직접 드신 본인도 기억을 못하실 정도로 많은 고양이를 잡아드셨단다. 물론 '고양이 곰탕'은 현대의학으로 약효를 입증할 수 없다. 또한 한방요법으로 지네를 말려 먹기도 한다. 서양에서는 전통적으로 퀴닌을 함유하고 있는 기나피(기나나무의 껍질)를 다려 먹었는데 이는 말라리아 치료제로도 사용되었다. 그 후 버드나무 껍질도 사용했는데 여기서 나오는 것이 바로 아스피린의 전구체인 살리실산이다. 그밖에 스테로이드계 약물이나 금가루 등을 복용하기도 했다.

근래에 들어와서는 류마티스에 MTX^{Methotraxate}를 많이 쓴다. 항암제로도 사용되고 있는 MTX가 왜 류마티스 관절염에 효과가 있는지, 그 상호작용 관계는 아직도 분명치 않다. 면역세포 활성화에 중요한 효소를 억제하지 않을까 추정하는 정도다. 그러나 MTX는 워낙 독성이 강해서 간과 폐에 부작용이 나타날 위험이 있다.

소염 진통제 화학약품으로 가장 각광받고 있는 의약품이 COX$^{Cyclo-OXygenase}$ 효소 저해제다. COX 저해제는 강력하기는 하나 근본적으로 질병의 진행을 막지는 못한다. 소송과 논란이 끊이지 않았던 머크의 바이옥스도 COX 저해제다. 이들은 일반적으로 위장과 콩팥에 부담을 주는 것으로 보고되고 있다.

TNF를 잡아라

류마티스 관절염은 25세부터 50세까지 발병한다지만 환자 수가 무려 전 세계 인구의 1%에 육박한다. 이 질병으로 손상되는 조직은 주로 손, 발, 무릎 관절이다. 관절에는 기계처럼 윤활유 역할을 하는 '활액'이라는 체액이 있는데, 활액의 성분을 살펴보면 다양한 면역세포(T세포, 대식세포, B세포, 프라즈마세포, 수지상세포 등)들이 섞여 있는 것을 볼 수 있다.

류마티스 관절염의 경우 이들 면역세포의 역할이 중요하다. 면역세포들의 활동으로 인해 염증이 발생하면 뼈와 연골이 손상을 입기 때문이다. 면역세포들은 서로 사이토카인cytokine 또는 세포증식인자(IL-1, TNF, IL-6, GM-CSF 등)를 분비하여 신호전달(일종의 커뮤니케이션)을 하는데 이로 인해 세포들의 활성이나 분화가 조절된다.

면역학자들은 이들 중 TNF라는 인자가 염증 현상의 중요한 신호 중한 가지로 작용한다는 것을 알아냈다.

"TNF를 선택적으로 제거한다면 염증이 억제될 것이다."

이 논리를 임상에 처음 적용한 면역학자가 뉴욕대학의 빌첵Vilcek 교수다. 그는 센토코와 공동으로 키메라 항체chimeric antibody를 만들어 환자에게 주사하였다. TNF에 선택적으로 붙는 항체는 혈중에 존재하는 TNF를 제거하였고 염증은 완화되기 시작했다. 결과는 대성공이었다. 그들은

10mg/kg의 수준으로 투여했을 때 분명한 효과를 경험하였다.

물론 TNF를 잡는 항체를 개발하기 위한 치열한 경쟁이 있었다. 사실 TNF를 처음으로 순수정제하고 유전자를 찾아낸 것은 제넨텍이었지만 결국 처음 임상연구를 시작한 회사는 센토코가 되었다. 그러나 센토코가 만든 항체는 인간의 것과 생쥐의 것이 융합된 키메라 항체였다. 완전한 인간의 항체(인간화 항체라고 함)로 최초의 연구를 한 회사는 영국의 바이오 회사 셀텍^{Celltech}이었다. 이러한 바이오 춘추전국시대 속에서 최초의 시판허가를 받은 회사는 난데없이 나타난 이뮤넥스^{Immunex}라는 회사였다.

경이적인 신약, 엔브렐

이뮤넥스는 면역학자였던 스티브 길리스와 크리스 헤니가 미국 시애틀에서 창업한 회사다. 그들이 처음 관심을 가진 분야는 류마티스가 아니었다. 당시 유행에 따라 이뮤넥스는 사이토카인 개발에 뛰어들어 신호전달인자의 일종인 콜로니자극인자^{Colony Stimulating Factor}를 골수이식 환자용으로 개발하였다. 그러나 콜로니자극인자는 이미 앰젠에 의해 개발되어 항암치료용으로 허가를 받은 상태였다. 골수이식용보다는 항암치료용 시장이 더 컸기에 이뮤넥스는 앰젠을 따라잡기 위해 항암치료용으로 임상실험을 하였다. 그러나 결론적으로 앰젠의 제품보다 우월하다는 것을 입증하는 데 실패했다. 엄청난 개발자금을 날린 이뮤넥스는 지분의 54%를 아메리칸 사이나마이드^American Cynamide로 넘겨 목숨은 부지했다. 대신 공동 창업자였던 길리스와 헤니 두 사람은 이뮤넥스를 떠나야만 했다. 훗날 다가올 엄청난 영광을 누리지도 못하고 말이다.

그 후 아메리칸 사이나마이드가 아메리칸홈프로덕트^AHP에 매각되면서 이뮤넥스는 이 회사의 계열인 레덜리^Lederle와 면역치료제 개발을 본격화한다. 그리고 이때 등장하는 약이 바로 블록버스터가 될 엔브렐^Enbrel이다.

엔브렐은 세포에 자연적으로 존재하는 TNF의 수용체^receptor를 개량하여 만든 단백질이다. 시작은 늦었지만 아메리칸홈프로덕트의 전폭적인 지원으로 빠른 속도로 진행했다. 이때 전천후 경쟁자인 제넨텍도 유사한 항TNF계 단백질을 개발하여 임상적으로는 효과를 보았으나 결국 여러 가지 이유로 포기하고 만다. 이뮤넥스는 1998년 류마티스 관절염 치료제로 허가받고 엔브렐을 시장에 처음 내놓는다. 그리고 잇단 임상실험으로 계속 적응증을 넓혀갔다.

당시 환자나 의사들이 경험한 엔브렐의 임상적 효과는 가히 경이적이었다. 침대에서 일어나지도 못하던 환자가 엔브렐을 주사맞고 다음 날 혼자 일어나 통증이 없어졌다고 증언할 정도로 약효는 놀라웠다. 환자와 의사들 사이에 폭발적인 인기로 매출은 증가했다. 출시한 첫 주의 매출이 천3백만 달러를 기록했으며 1999년 3억 7천만 달러, 2000년에는 6억 5천만 달러로 당시 이뮤넥스 전체 매출의 76%를 차지했다.

한때 콜로니자극인자 개발경쟁으로 이뮤넥스를 괴롭혔던 앰젠도 관절염 치료제에 깊은 관심을 가지고 있었다. 앰젠은 당시 카이네렛^{Kineret}이라는 약물을 개발중에 있었는데 그 작용 기작은 엔브렐과 전혀 달랐다. 앰젠이 아무리 계산해 봐도 류마티스 관절염 치료제의 전망은 아주 밝았고, 이뮤넥스의 엔브렐이 너무도 탐이 났다. 카이네렛으로는 도저히 관절염 치료제 시장을 주도할 수 없다고 간파한 앰젠은 때맞춰 인수합병을 통해 외형을 키울 때가 되었다고 판단했다. 2001년 12월, 앰젠은 160억 달러에 이뮤넥스의 인수를 제안한다. 당시 이뮤넥스의 41% 지분을 가지고 있던 AHP는 이를 모두 앰젠에게 넘기고 현금과 앰젠의 지분 8%를 받는 것으로 합의한다. 이렇게 성사된 앰젠과 이뮤넥스의 합병은 당시로서는 사상 최대의 바이오 회사 합병으로 기록되었다.

엔브렐보다 2년 먼저 크론병에 대한 임상실험을 시작했던 센토코의

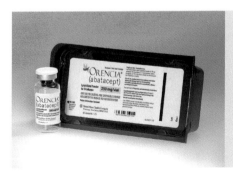

BMS에서 개발되어
상품화된 류마티스 치료제
오렌시아(Orencia),
항TNF계 치료제로
효과를 보지 못하는
류마티스 관절염 환자를
타깃으로 하고 있다.

© Bristol-Myers Squibb

레미케이드^{remicade}는 엔브렐보다 1년 늦게 FDA허가를 받고 출시되었다. 그 이후 레미케이드는 류마티스 관절염에 대한 임상실험에서도 효과를 봐 현재 사용되고 있다. 그에 비해 엔브렐은 같은 항TNF계 치료제면서도 크론병에는 효과가 없다고 하니 흥미로운 사실이다.

캠브리지대학에서 시작한 항체 회사 캠브리지 안티바디 테크놀로지가 만들어낸 휴미라^{Humira}는 독일의 화학 회사인 BASF에 의해 개발되었는데 BASF가 바이오사업을 포기하고 애보트에게 바이오 부문을 매각하면서 애보트에서 빛을 보게 되었다. 항TNF계 치료제 중 비교적 뒤늦게 경합을 한 휴미라는 펜 타입의 피하주사기를 도입하였다. 약물전달 방식을 한 단계 올려 투여가 쉬워지자 환자들에게 각광받았다. 엔브렐과 레미케이드도 이를 뒤따라 도입하였다.

어떻게 보면 엔브렐에 이어 출시된 항TNF계 치료제들은 모두 미투약$^{\text{me-too drug}}$이라고 볼 수 있다. 이들은 모두 같은 메커니즘으로 접근한 치료제들이다. 그러나 이들 제품의 경쟁은 기술적인 혁신을 유도하고 서로 보완관계로 작용해 결국 환자에게 득이 되었다.

항TNF계 치료제 덕분에 면역질환에 대한 자신감이 커지면서 시장이 재조명되었다. 경쟁적으로 임상실험을 추진한 덕에 깊이 있는 연구가 많이 이루어질 수 있었다. 면역조절약물은 그동안 가장 큰 시장규모를 자랑하던 항암제의 위상을 무색하게 만들고 있다. 새로운 시대가 다가오고 있는 것이다.

다시 시작하는 인생

건선으로 고생하던 제이슨이 항TNF계 치료를 받았다. 처음에는 다른 치료법과 비슷할 것이라 생각했지만 치료가 진행되면서 마치 내리막길을 달리는 기차처럼 빠른 속도로 회복되고 있는 것을 느낄 수 있었다. 이것이 바로 피부로 느껴진다는 것인가? 몸의 25%를 덮고 있던 붉은 반점은 이제 1% 이하로 떨어졌다. 그는 이제 수영장도 떳떳하게 갈 수 있고 패스트푸드 음식점 매니저로 새로운 삶을 살고 있다.

레이도 마찬가지였다. 그는 두 번째 주사를 맞으면서 이미 확실한 효과를 느꼈다. 다시 자동차 경주트랙으로 돌아간 그는 삶에 대한 태도까지 긍정적으로 바뀌었다. 성격도 예전보다 느긋해지고 항상 가족에게 감사하며 살고 있다. 그는 이전의 행복했던 때로 완전히 돌아갔다.

제니는 치료 후 헬스클럽에도 다니고 예전에는 상상도 못했던 볼링장에도 드나들며 친구들과 즐거운 시간을 보내고 있다. 체중도 줄어 얼굴과 몸매도 더욱 예뻐졌다.

이렇게 영화 '이너스테이트'는 해피엔딩으로 끝난다. 이들은 질병을 통해 더욱 성숙해졌고 새로운 눈으로 인생을 바라보게 되었다. 누구나 이 영화를 본다면 분명히 새로운 희망에 가득 찰 것이라 믿는다. 그리고 바이오 의약품이 세상의 모든 환자를 진정 자유롭게 하기를 바란다.

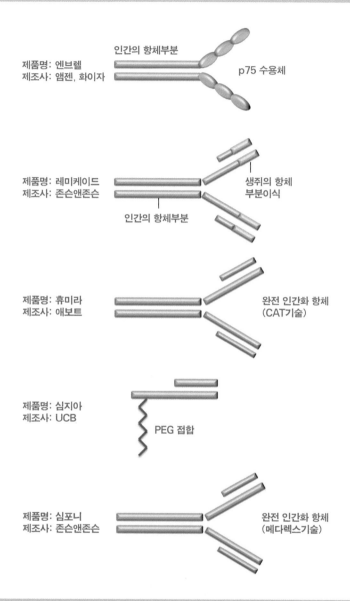

제품명: 엔브렐
제조사: 앰젠, 화이자

인간의 항체부분

p75 수용체

제품명: 레미케이드
제조사: 존슨앤존슨

생쥐의 항체
부분이식

인간의 항체부분

제품명: 휴미라
제조사: 애보트

완전 인간화 항체
(CAT기술)

제품명: 심지아
제조사: UCB

PEG 접합

제품명: 심포니
제조사: 존슨앤존슨

완전 인간화 항체
(메다렉스기술)

BIO TECHNOLOGY
항TNF계 의약품들의 구조

엔브렐은 이뮤넥스에서 개발되어 최초로 허가받은 항TNF계 바이오 의약품이다. 엔브렐의 구조를 보면 p75 수용체부분과 항체의 Fc부분으로 구성되어 있다. 즉, 엔브렐은 서로 다른 두 단백질을 융합시킨 융합단백질인 셈이다.

레미케이드는 오늘날 존슨앤존슨 계열의 센토코에서 개발된 것으로 인간의 항체부분에 항원을 인식하는 생쥐의 CDR부분을 이식한 '인간과 생쥐'의 키메라 항체다. 이 기술은 PDL 바이오파마에서 도입하여 만든 기술이다.

휴미라는 최초로 상업화된 인간화Humanized 항체다. 원래 BASF사가 영국의 캠브리지 안티바디 테크놀로지로부터 도입한 항체기술로 만들었다가 애보트에 매각하였다. 애보트는 개발을 진행하여 허가를 받았고 휴미라는 오늘날 가장 각광받는 항TNF계 의약품이 되었다.

심지아Cimzia는 항TNF기능을 갖는 항체조각이다. 원래 영국의 셀텍Celltech이라는 회사에서 개발한 제품이 그 모태인데 우여곡절 끝에 벨기에의 UCB에서 현재의 모습으로 상업화되었다. 폴리에틸렌글리콜PEG을 접합하여 체내 반감기를 높인 것이 특징이다.

심포니Simponi는 레미케이드를 개량한 인간화 항체다. 존슨앤존슨은 인간화 항체기술을 갖고 있던 메다렉스Medarex의 기술을 도입하여 심포니를 제2세대 레미케이드로 개발하여 허가를 받았다.

* 그림의 단백질 분자는 실제 모습과 다르다.
  어디까지나 설명을 용이하게 하기 위해 그린 것이므로 이해를 바란다.

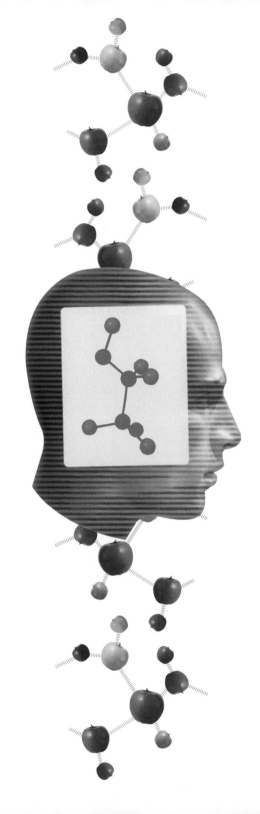

제2부

바이오산업의
이슈와 스캔들

제1장

바이오산업의
이슈들

Bioindustry

돌팔이 약장사에서
FDA까지

약장사들의 쇼

"야. 애들은 가라~. 아줌마들은 땡겨 앉고~. 자, 이거 한 병만 드셔 봐.
그저 팔, 다리, 어깨 쑤시던 게 쫙~가시고 기운이 그냥 돌아와~."

불과 20여 년 전만 해도 서울 변두리 공터에서도 약장사들의 길거리
공연을 흔히 볼 수 있었다. 아마 지방에서는 요즘도 볼 수 있을지 모르
겠다. 동네 꼬마들에게는 신나는 구경거리였고 지나가던 어른들도 입
가에 미소를 머금고 약장사들이 하던 쇼를 구경하곤 했다.

아직도 어렴풋하게 기억나는 쇼 중에 하나는 뱀을 들고 다니던 약장

사렸다. 한두 마리도 아니고 수십 마리의 구렁이를 목과 몸에 두르고 팔에 감고 나왔다. 자신은 쇼를 하다가 뱀에 물리기도 하는데 그래도 괜찮단다. 자기가 가지고 있는 약을 바르면 바로 낫기 때문이란다. 그리고 딱풀같이 생긴 바르는 약을 꺼내 보여준다. 뱀뿐만이 아니고 벌레 물린 데 모기 물린 데 발라도 낫는다며 자신 있게 말하던 아저씨. 신기한 마음에 모친을 졸라 약을 샀다. 그러나 효과는 전혀 없었다. 모기 물린 데 발랐더니 낫기는커녕 냄새만 고약해 다신 바르지 않았다.

또 하나의 기억은 회충약 장사의 쇼였다. 이 약장사는 아예 동네 아이들과 짜고 쇼를 했다. 자기가 파는 약을 먹으면 기생충이 바로 나온다며 한 아이를 불러냈다. 그 아이에게 약을 먹인 후 잠깐 기다렸다가 엉덩이를 까서 뭔가 꾸물거리는 송충이 비슷한 것을 보여주었다. 약장사의 쇼에 감쪽같이 속은 사람들은 입을 다물지 못했다.

기차역이나 시외버스터미널에서는 차력사의 쇼를 흔히 볼 수 있었다. 기왓장이나 벽돌을 배에 놓고 망치로 내리치는 다이나믹한 쇼. 물론 쇼가 끝나면 작은 병에 든 약물을 팔았다. 약효가 있는지 없는지도 모르고 사람들은 잘도 사서 마시곤 했다.

이러한 옛 추억이 언젠가는 민속학적 연구자료로 남게 될 날이 올 것이다. 서양에서는 이미 이런 약장사의 공연에서 학술적 가치를 발견하고 기록을 연구하고 있다. 중세 유럽에서는 한때 서커스나 극장공연이 금지되기도 했는데 이때 서민들 사이에서 유행했던 것이 약장사의 쇼였다.

미국에도 약장사들의 쇼와 순회공연이 있었다. 이를 메디슨 쇼^{medicine}

show 라고 했으며 서커스처럼 공연을 했다. 차력사들은 근육인간^{muscle man}

이라고 불렸다. 이들이 파는 약을 매약^{patent medicine}이라고 부른다. 매약
은 과학적으로 약효가 증명되지 않은 약을 말한다. 민간요법을 바탕으
로 만든 약이 대부분이었으나 아예 아무런 효과가 없는 약도 많았다.
현재는 의약품 규제법에 의해 많이 없어졌지만 아직도 동네 작은 약국
에서는 심심치 않게 팔리고 있다.

로스차일드 약방

필자가 거주하던 시라큐스라는 도시에는 어린이 과학박물관이 하나 있
다. 이곳에는 아주 진기한 구경거리가 있는데 이름하여 로스차일드 약
방^{Rothchild Apothecary Shop}이다. 이 약방은 로스차일드 가족이 일반인들에게
보여주기 위해 기증한 작은 의약품 박물관이다.

구스타프 로스차일드가 유럽에서 미국 시라큐스로 건너와 이곳에 약
국(약방)을 연 것은 1926년이다. 그 후 그는 시라큐스에서 네 개의 약국
을 운영하였다. 구스타프의 아들 앨런 역시 약사로 일했지만 훗날 병원
건축과 투자 관련 분야에 몸담았다. 그는 어릴 적 자신이 뛰놀던 아버
지의 약국에 대한 추억을 간직하고자 보관하고 있던 옛 물건과 자신이

로스차일드 약방의 내부. 고색창연한 약병들이 즐비하다.

©장건희

추가로 수집한 물건을 모아 100여 년 전의 약방의 모습을 그대로 재현하였다.

약방을 둘러보면 케케묵은 것처럼 보이는 약병들이 줄줄이 전시되어 있다. 대부분이 매약이다. 매약의 제조사를 보면 지금은 존재하지 않는 회사들이 많다. 그러나 아주 드물게 현대의 대형 제약사로 성장한 이름들도 눈에 띈다.

역사가 100년 이상 되는 제약 회사들은 대개 매약으로 시작했다고 해도 과언이 아니다. 필자가 근무했던 BMS도 19세기 말 '서민의 스파 Poor man's Spa'라는 변비약으로 상당한 매출을 올렸다. 매약은 현대 의약품의 조상인 셈이다.

매약 중에는 우리가 잘 아는 제품들도 있다. 바이엘 아스피린, 코카콜라, 세븐업, 빅스Vicks 목감기 드로프스, 플레처 변비약 등이 바로 그것이다. 아스피린은 오늘날 약효가 과학적으로 증명되어 이제 매약이라고 할 수는 없다. 놀랍게도 코카콜라는 원래 코카인 성분이 함유된 포도주였다. 코카인은 중독성이 심해서 곧 사용이 금지되었다. 물론 오늘날의 제조법은 당시와는 전혀 다르다. 세븐업7-Up도 신경 안정 성분이 있는 리튬 시트르산이 첨가된 일종의 멀미약이었다. 코카콜라와 세븐업은 19세기 말, 20세기 초에도 상당히 인기 있던 음료수였다.

헐렁한 의약 관련 법규

20세기 초까지만 해도 미국의 의약품 관리는 말 그대로 '엿장사 마음대로'였다. 1906년 처음 식품의약법안이 테오도르 루즈벨트 대통령의 서명에 의해 통과되었지만 이 법규는 사실상 통제력이 없었으며 의약보다는 식품에 더 주안을 둔 법규였다. 당시만 해도 약은 고사하고 먹거리조차 엉망이었으니 식품에 대한 규제가 더 시급했던 것이다. 오늘날의 FDA(미국 식품의약국)도 원래는 미 농림성 산하 화학실험실에서 출발하였다. 이것이 후에 화학연구국으로 명명되었고 다시 FDA로 승격되었다.

법이 헐렁하면 당연히 도전을 받는다. 첫 식약법규에는 약품을 판매하기 전에 당국에 제출해야 할 것이 없었다. 그저 약물의 농도와 순도만 잘 지키게 되어 있었다.

1910년 존슨에서 판매하고 있던 가짜 암 치료제에 대해 정부는 제품을 압수하고 관계자를 법정에 세웠다. 그러나 현존하는 법규로는 그들이 유죄임을 설명할 길이 없었다. 결국 대법원은 존슨의 손을 들어줬다.

어처구니없는 판결 이후 1912년 미 하원은 셜리 개정조항을 제정하여 근거 없는 약효가 표시된 제품을 단속했다. 그러나 여전히 약이 가짜인지 진짜인지 구분해야 하는 부담은 정부의 몫이었다. 법규가 정부에게 불리하게 만들어지다 보니 법원은 계속 돌팔이 약장사의 손을 들어주게 되었다. 1933년 의약품에 대한 새로운 법안이 하원에 상정되었지만 진행시키지 못했다. 우리나라든 미국이든 대형사건이 터지기 전까지 위급성을 깨닫지 못하는 것은 마찬가지였다. 결국 안전불감증은 거대한 사건을 불러일으키고야 말았다.

악마의 약이 미국을 강타하다

1937년 6월, 테네시주에 위치한 제약 회사 S.E.메센길에 요청이 하나 들어왔다. 알약과 가루로 된 설판일아미드^{Sulfanilamide}가 액체형 시럽으로 나왔으면 좋겠다는 제안이었다. 설판일아미드는 페니실린이 없었을 당시 인기 있는 항생제였다. 포도상구균 감염과 같은 2차 감염에 아주 탁월한 효과가 있었고 안전하기도 했다.

수석 약제사였던 해럴드 윌킨슨은 설판일아미드가 다이에틸렌 글리콜 용매에 잘 녹는다는 것을 알았다. 그는 이를 바탕으로 액체형 시럽을 개발하여 품질검사실로 넘겼다. 품질검사실에서는 약의 외형과 향기, 맛을 테스트한 후 바로 통과시켰다. 아이들이 복용하기 좋게 산딸기 향까지 첨가하여 일릭서 설판일아미드^{Elixir Sulfanilamide}라고 이름 붙인 뒤에 약병 633개를 전국적으로 배송하였다. 그 후 무슨 일이 일어날지 아무도 알지 못했다.

9월 초 첫 배송이 시작된 후 같은 해 10월 11일 전미의학협회^{American Medical Association}에 오클라호마 주로부터 사망사건이 접수되었다. 원인은 새로운 제형의 설판일아미드와 관련된 것 같다고 했다. 의학협회는 S.E.메센길에 연락하여 의문의 설판일아미드 시료를 요청하였다. 시료를 받아 분석해본 결과 인체에 치명적인 성분이 검출되었다. 다이에틸렌 글리콜이다. 설판일아미드를 잘 녹이던 그것은 오늘날 자동차 부동액으로 쓰일 정도로 독성이 강한 용매였다.

의학협회는 즉시 전국적으로 설판일아미드에 대한 경고장을 발포하였다. 그러나 이미 사망자 수는 급격하게 늘어나고 있었다. 상황을 더욱 악화시킨 것은 회사의 조치였다. S.E.메센길은 판매원들에게 문제의 제품 회수만을 요청했을 뿐 위험성을 추가로 알리지 않았다.

사태의 위중을 판단한 FDA는 293명의 감사원과 연구원 등 요원 전원을 총동원시켜 제품이 배송된 지역을 파악했다. 일일이 검토한 배송장만 2만 장이 넘었다. 또 제품 전량을 회수하기 위해 해당 지역의 의사들과 약사들이 조사에 급히 합류했다. 조사원들이 찾아간 환자의 가족들은 이미 영문을 모르는 죽음으로 장사를 치른 후였다. 계속된 악마의 약물과의 숨바꼭질은 결국 240갤런 중 234갤런을 회수하는 데 그쳤다. 나머지로 인해 고귀한 목숨들이 희생되었다. 파악된 사망자 수만 107명이었다. 약의 개발자였던 S.E.메센길의 해럴드 월킨슨은 끔찍한 결과와 책임에 못 이겨 스스로 목숨을 끊었다.

참으로 안타까운 사실은 피해자의 상당수가 어린아이들이었다는 것이다. 아이들은 대개 목감기로 이 약을 복용했다. 부작용은 1주에서 3주까지 지속되었다. 신장기능이 떨어지면서 복통을 일으켰고 구토와 혼절, 경련이 계속되다가 죽어갔다. 여섯 살의 딸 조앤이 품에서 죽어가는 것을 지켜볼 수밖에 없었던 엄마 마리 니디퍼는 루즈벨트 대통령에게 눈물의 탄원서를 썼다.

"의사가 준 일릭서 설판일아미드를 조앤이 마신 후 우리에게 남겨진 것은 그녀의 작은 무덤뿐입니다. 그 불쌍한 것이 경련을 일으키며 고통의 비명을 지르던 때를 기억하면 미칠 것만 같습니다… 앞으로 다시는 이런 약품이 판매되어 어린 것들이 목숨을 빼앗기거나 그날밤의 악몽이 계속되지 않게 해주시길 간절히 바랍니다."

의약법규의 진화

니디퍼가 보낸 통곡의 서신 덕에 이듬해인 1938년 식품의약품 및 화장품 법안이 비로소 통과된다. 그제서야 미국에서 만들어지는 모든 새로운 약물은 안전을 입증해야만 판매할 수 있게 되었다. 입증을 해야 하는 부담은 결국 제약사에 돌아갔다. 제약사는 FDA에 새로운 약물에 대한 판매 신청을 해야 했다. 단, 특별한 제재조치가 없으면 판매 신청 후 일정 기간이 지나고 판매를 시작할 수 있었다. FDA의 권한은 한층 강화되었고 의약법의 개정은 계속되었다.

1951년 통과된 듀렘-험프리 법규 개정에는 처방약에 대한 내용이 포함되었다. 일부 의약품은 의사의 처방전이 있어야만 구입할 수 있도록 했다. 안전에 대한 긍정적인 개선이 계속되었다. 그러나 시장에 출시된 약의 효력에 대해서는 당국이 손을 대지 못했다. 여전히 약효가 의

심되는 제품들이 난립하고 있었다. 의회에는 약효와 관련된 내용의 개정법안이 올라갔지만 결론이 나지 않았다.

그때 유럽에서 몰아닥친 탈리도마이드 재앙은 법규 개정에 강력한 모티브가 되었다. 1960년대 독일을 중심으로 유럽에서 인기 있었던 수면제 탈리도마이드가 기형아를 만들어내는 약이었을 줄 누가 알았으랴. 이 약을 복용한 임산부들은 팔다리가 짧거나 아예 없는 물개모양의 태아를 출산해 전 세계에 엄청난 충격을 안겨주었다. 설판일아미드 사태를 이미 겪었던 미국은 이 약을 금지했기 때문에 재앙을 피할 수 있었다.

탈리도마이드 사태는 안일한 정치가들에게 자극이 되어 1962년 케포버-헤리스 의약법 개정이 통과되었다. 이 개정법은 새로운 약품의 판매를 위해서는 안전성뿐 아니라 약의 효력까지 입증해야 한다는 내용을 담고 있다. 또한 판매 대상, 적용 질병에 대해서도 FDA의 사전승인을 얻어야 했다. 이 개정법으로 인해 신약개발에 대한 프로세스가 정립되었고, 오늘날 우리가 활용하고 있는 체계의 기틀이 되었다.

의약과 관련하여 산전수전을 다 겪은 미국은 세계에서 가장 선진의 의약품 안전 시스템을 정착한 덕에 국민의 건강과 안전을 지키고 있을 뿐 아니라 최고의 롤모델이 되어 세계를 선도하고 있다. 품질Quality, 안전Safety, 약효Efficacy. 이 세 가지 단어는 80년 미국 의약품의 역사를 함축하는 단어이자 기본 개념이다.

오늘날 미국 의약법규와 FDA는 전례 없이 강력한 규제로 미국과 관

FDA의 로고

련된 세계의 수많은 식품, 헬스케어, 제약산업을 감찰하고 있다. 이들에게는 여전히 끊임없는 쇄신과 변화가 요구된다. 그렇지 않으면 이전에 보았던 끔찍한 사태를 언제든 반복할 수 있다. 동시에 융통성도 가져야 한다. 그래야 산업의 지속적인 발전이 가능하다. 규제와 융통성의 균형을 잘 맞추는 것이 FDA에게 가장 중요하다. 그리고 그것이 얼마나 어려운지 미국 정부는 잘 알고 있다.

바이오시밀러에
거는 기대

경영 컨설팅이라는 마법

기업체가 신규 사업을 시작하려 할 때 사업의 타당성을 입증하기 위해 쓰는 방법이 있다. 경영 컨설팅이라는 도구다. 컨설팅사는 객관적인 입장에서 신사업의 타당성을 점검하고 분석한다. 의뢰한 기업은 하버드나 스탠포드 MBA 출신의 명석하고 창의적인 20대 컨설턴트의 기상천외한 접근으로 찾아낸 참신한 결과와 해법을 얻고 싶어한다. 그러나 현실에서 이런 일은 잘 일어나지 않는다. 컨설팅사가 사업성 분석을 해준다고는 하지만 그 내용이 의뢰한 회사 내에서 작업한 것과 현격한 차이가 없는 경우가 많다. 의뢰사에서 한 팀의 인력이 10000시간(3년)을 들여 고민했던 내용을 한 명의 컨설턴트가 30시간(3일) 만에 해법을 만들어주기를 기대하는 것은 기본적으로 무리가 아닐까 싶다.

결국 의뢰사는 컨설팅사의 명성을 업고 사업에 대한 타당성을 주장한다는 데 컨설팅의 의의가 있다. 어쨌든 이러한 방법으로 주주나 이사회를 설득하는데, 여기에 함정이 하나 있다. 그것은 바로 컨설팅 수행 비용을 지불하는 주체가 컨설팅을 의뢰한 당사자라는 것이다. 따라서 컨설팅 회사는 의뢰자의 의중을 완전히 무시하기가 힘들다. 좁은 업계에서 컨설팅사업을 하면서 의뢰자의 입김으로부터 얼마나 자유로울 수 있을까.

그러나 몇몇 컨설팅사는 고객의 입맛을 따르지 않고 최대한 객관적 접근을 고집하며 노력한다. 내가 경험한 다국적 전략 컨설팅사 A가 그랬다. 문제는 컨설팅 분야와 전문가 매치였다. 전사컨설팅을 받으면서 우리는 바이오사업에 대한 진단도 더불어 받았다. 우리가 추진하던 바이오 위탁생산사업(치료용 단백질 위탁생산)을 진단하기 위해서 독일에서 D박사가 왔다. 화학공학을 전공한 D박사는 사실 이 분야에 종사해본 적도 없는 사람이었다. 그는 독일식의 억센 발음이 섞인 영어로 말했다.

"앞으로는 유전자 치료법이 고도로 발달할 것입니다. 그렇게 되면 치료용 단백질은 소용이 없어지지요. 그런 생산사업은 이미 때가 늦었고 시작할 필요조차 없습니다."

그 말을 들은 우리는 서로 얼굴을 바라보며 난감해했다. 그는 단백질 사업보다 원료의약품사업이 적합하다고 주장했다. 자신이 직접 해봐서 잘 안다는 것이었다. 원료의약품사업은 중국과 인도의 부상으로 우리가 이미 1년 전에 포기하고 철수한 사업이었다. 그는 자기가 알고 있는 이야기만 늘어놓는 데 시간을 보냈다. 결국 우리의 회의는 별 소득도, 공감도 없이 끝나고 말았다.

D박사를 만난 것이 우리에게는 비극의 복선이었다. 그의 주장이 컨설팅 결과에 강력하게 반영되었다. 또 바이오사업에 대해 부정적인 입장이었던 CEO의 의견에 따라 바이오사업팀은 3년 만에 공중분해 되었다. 더욱 아쉬운 것은 우리가 3년이라는 시간을 들여 구상했던 치료용 단백질 위탁생산을 그 후 셀트리온이라는 회사가 유사한 모델로 추진했다는 사실이다. 셀트리온은 BMS라는 다국적 제약사를 잡아 대규모 수주를 받았다. 그들이 국내 투자자들의 주목을 한몸에 받는 것은 당연했다. 바이오사업은 전에 없이 세계적으로 각광을 받았다. 그전까지 망설이던 다국적 제약 회사들도 너 나 할 것 없이 바이오사업에 뛰어들었다. 그에 비해 D박사가 곧 각광받을 것이라고 주장하던 유전자 치료제는 벌써 20년째 FDA나 EMEA에서 허가받은 제품 하나 없이 오리무중에 빠져 있다.

이렇게 신사업은 쉽게 판단하기 힘들다. 특히 바이오에 대한 경험이 부족한 한국 회사들로서는 선뜻 투자를 결정하기 쉽지 않았다. 바이오산업의 꽃은 역시 신약개발이다. 신약개발은 제조업에 익숙한 한국 회사들에게 멀게만 느껴지는 사업이다. 실체가 바로 보이지 않으며 개발 기간이 엄청나기 때문에 한국 회사들이 좋아할 리가 없다. 그렇다고 제조만을 담당하겠다는 위탁생산도 쉽게 받아들여진 것은 아니다. 바이오 의약품 생산은 만만치 않은 투자비가 들기 때문이다. 그 규모 때문에 설득하기가 어려웠다.

그러나 다른 나라를 보면 바이오처럼 좋아보이는 사업도 없다. 미래지향적이며 친환경적이고 친에너지산업이기도 해서 사회적으로 각광을 받는다. 바이오기업끼리의 인수합병이 월스트리트의 단골 주제가 된 지 오래다. 일본만 해도 공격적인 인수합병으로 상위 제약사들이 모두 미국 바이오 회사를 하나씩 거느리고 있다. 이쯤 되면 바이오산업이 매력적인 첨단산업이라는 것을 알 수 있지 않을까?

바이오시밀러＝비슷한 약

최근 한국의 제약사들과 대기업들이 다시 한 번 시동을 걸고 있는 분야가 바이오시밀러biosimilar다. 바이오시밀러 혹은 바이오제네릭biogeneric이라고 불리우는 의약품은 특허와 독점권이 만료되어 개발과 생산의 기회가 열린 단백질 의약품을 말한다. 2010년을 기해 이러한 기회가 생기는 제품들이 많다. EPO를 비롯하여 엔브렐과 같은 류마티스 관절염 치료제, 인터페론 등 대부분이 블록버스터급 제품들이다. 그 시장만 해도 어림잡아 수백억 달러에 달하니 블루오션 같기도 하다.

그러나 이 분야를 쉽게 생각할 수만은 없다. 문제는 바로 이름에서 찾을 수 있다. '시밀러similar'라는 것은 유사하다는 뜻이다. 즉, 완전히 동일한 것은 아니라는 말이다. 왜 이런 이름을 쓸까? 이것은 바이오 의약품의 복잡성 때문이다. 화학구조식만 봐도 알 수 있듯 단백질은 엄청나게 복잡하다. 생물이라는 것이 원래 그렇다. 좋은 비유일지 모르겠지만 콩 심은 데 콩이 나긴 하지만 완벽하게 같은 조건에서 심어 키운 콩이라도 콩나무의 모양이나 키는 약간의 차이를 보인다. 이것이 생명의 복잡성이다. 단백질은 일반화학 의약품과 달리 살아 있는 세포가 생산해 낸다. 따라서 아무리 세포의 배양조건이 같더라도 때로는 구조가 약간 다른 단백질을 생산하기도 한다.

바이오 의약품을 처음 만든 회사가 아닌 '후발회사가 단백질 제품을 카피하여 만든다면 과연 똑같이 만들 수 있을까?' 하는 것이 바이오시밀러의 핵심질문이다. 똑같이 만들 수 없기 때문에 '바이오시밀러'라는 용어를 쓰는 것이다.

이런 관점에서 '얼마나 유사하게 만드는가'를 비교동등성comparablility이라는 단어로 표현한다. 따라서 비교동등성을 입증할 수 있는지가 바이오시밀러의 제품성에서는 커다란 관건이다. '동등성'이라는 단어는 오늘날 바이오시밀러사업을 추진하는 모든 바이오 회사에게 도전으로 들린다. 우리나라에서도 마찬가지다. 동등성은 무엇을 동등하다고 보는 것인가? 완전히 똑같아야 동등하다고 할 수 있을 텐데 완전히 똑같지 않은 것은 우리도 알고 있다. 기준이 상당히 모순되게 들리지 않는가? 한국 식약청에서 공개한 가이드라인도 비교동등성 실험에 대한 전체 내용은 반 페이지가 전부다. 누구도 이해하기가 쉽지 않다.

비교동등성 입증이 나만의 숙제는 아니다

필자는 우리나라 바이오기업들이 우선 비교동등성에 대한 '공포'에서 벗어났으면 한다.

첫째, 비교동등성의 문제는 바이오시밀러를 만드는 회사의 어려움만은 아니다. 신약을 개발하는 회사도 동등성 입증의 어려움은 존재한다. 그들도 단백질을 제조하는 제조공정을 개선할 때마다 비교동등성을 입증해야 한다. 제조 설비나 공장을 바꾸어야 하는 상황도 마찬가지다. 따라서 겉으로 드러나지 않아서 그렇지 신약개발을 하는 큰 제약 회사나 바이오 회사들도 비교동등성 때문에 골치를 썩는다.

사실 비교동등성의 최초 가이드라인은 이들 신약개발 회사를 위해 만들어진 것이다. 의약품 국제조화회의^{ICH}나 미국 FDA의 홈페이지에도 나와 있지만 바이오 회사가 겪는 현실적 어려움 때문에 1990년대 각국의 규제기관들은 비교동등성에 관한 지침서를 만들기 시작해 2000

년 초에 ICH를 통해 초안을 완성하였다. 이 지침을 일반적으로 ICH 가이드라인 Q5E(생산 프로세스 변화에 따른 생물학적제제의 동등성)라고 한다. 여기서 논의되고 있는 비교동등성은 바이오시밀러에서 말하는 비교동등성과 동일하다. 따라서 가이드라인에 일관성이 있다면 이를 적용시켜도 무방하다는 말이 된다. 아직 미국에 바이오시밀러를 위한 사례가 부족하고 가이드라인이 뚜렷하지 않기 때문에 ICH Q5E를 참고하는 것도 많은 도움이 될 것이다.

둘째, 과연 어디까지 동등하다고 볼 수 있는가? 만약 우리가 보기에 단백질의 특성 분석결과가 약간 다르게 나왔다면 동등한 것일까, 동등하지 않은 것일까? 단어와 문장을 그대로 따르자면 해결방법은 없다. 그러나 우리가 왜 비교동등성을 입증하려고 하는지 그 근본적인 이유를 생각한다면 답은 있다. 신약과 비교하여 비교동등성을 입증하려고 하는 궁극적 이유는 결국 세 가지다. 품질, 효능, 안전. 이 세 가지를 보장해야 하기 때문이다. 쉽게 말하면 동등하지 않더라도 세 가지만 위배하지 않는다면 '합격'이다.

그럼 약간의 차이가 이것들에 위배되지 않는지는 어떻게 알 수 있을까? 허가기관을 설득할 수 있을 만큼 철저한 과학적 뒷받침이 있으면 된다. 즉, 확실한 연구결과가 나와 있는 공신력 있는 연구자료(논문) 또는 자사에서 직접 실험한 결과를 가지고 있다면 '통과'다. 직접 실험이 필요한 것도 우선순위에 따라 수행해야 한다. 처음부터 임상실험을 해서 입증하겠다는 결정은 효율성이 떨어지는 결정일 수 있다. 허가기관을 어떻게 설득할 것인가가 가장 큰 문제다.

바이오시밀러가 가져다줄 혁신

'의약품의 주인은 환자'라고 생각했을 때 환자들이 바이오시밀러에 대한 거는 기대는 클 것이다. 가장 큰 기대는 가격이다. 지금보다 월등히 낮은 가격으로 약을 공급받을 수만 있다면 암 환자들과 류마티스 환자들은 경제적인 부담을 크게 덜 수 있다. 정부나 의료보험사도 바이오시밀러의 가격에 대해 거는 기대가 있다.

연구원으로서, 제약산업계 종사자로서 나는 바이오시밀러에 대해 좀 더 근본적인 기대를 가지고 있다. 기술혁신에 대한 기대다. 기술혁신은 궁극적으로 가격을 낮추는 효과를 가져올 것이 분명하다.

바이오 의약품은 화학기반 의약품에 비해 월등히 높은 시설투자비와 생산비용이 든다. 또한 품질검사를 위한 분석비용 또한 기존 화학제품과 비교할 수 없을 정도로 비싸며 과정이 복잡하고 시간이 많이 소요된다. 따라서 바이오 신약이건 바이오시밀러건 생산비용을 보면 별 차이가 없는 것이 현재 상황이며 이것이 가장 큰 문제점 중 하나다. 바이오시밀러의 가격을 낮추려면 원가를 낮출 수 있어야 하는데 원가절감을 위해서는 획기적인 기술혁신이 있어야 한다.

사실 신약을 개발하여 판매하는 제약사들은 원가에 크게 연연하지 않는다. 일단 허가를 받으면 개발비용과 원가를 크게 상회하는 약가를 확보할 수 있기 때문이다. 따라서 신약개발사들의 원가절감에 대한 의지는 강하지 않다. 그들은 어떻게든 의약품을 생산하기만 하면 된다.

현재 바이오시밀러의 원가는 제네릭 화학 의약품과 비교했을 때 너무 높다. 따라서 세포배양공정이나 분리정제공정의 획기적이고 혁명적인 기술적 도약이 절실하다. 이를 위해서는 바이오시밀러 생산 회사 간

오늘날 단백질 정제기술은 그 효율과 비용을 고려할 때 획기적인 기술의 도약이 절실하다.

© Roche

에 치열한 경쟁이 있어야 한다. 그 안에서 고정관념이 깨지고 파격적인 아이디어가 나와야 한다. 새로운 재료, 값싼 원자재, 혁신적인 공정개선 등이 꼭 필요하다. 이 분야에서 클레이튼 크리스텐슨 교수가 말하는 일종의 파괴적 기술Disruptive technology과 같은 혁신이 있어야 한다. 현실이라는 벽은 존속성 혁신Sustainable innovation으로는 뚫고 나갈 수 없다. 기존의 품질 수준과 디자인을 어느 정도 희생시키는 한이 있더라도 원가를 절감할 수 있는 방법을 찾아야 한다. 이러한 긍정적인 변혁만이 가격을 더욱 낮추어 제네릭이라는 이름이 어울릴 만한 가격을 만들 것이다.

바이오시밀러산업에서 이러한 혁신이 일어난다면 신약을 개발하는 회사도 영향을 받을 것이다. 언젠가 신약을 개발하는 회사들이 제네릭 회사들의 혁신적 기술을 기웃거릴 날이 올지도 모른다. 따라서 바이오시밀러는 제약업계의 미래를 위해서 꼭 필요하고 그 기대도 클 수밖에 없다.

그런 의미에서 볼 때 이번에 미국에서 통과된 바이오시밀러 법령의 내용은 조금 실망스럽다. 2010년 3월, 오바마 행정부가 통과시킨 미국의 의료보험 개혁법에는 '바이오 의약품 가격경쟁 및 혁신의 법령', 즉 바이오시밀러 관련 법규가 포함되어 있다. 이 법규를 보면 최초로 승인받은 바이오시밀러에 대해서는 허가 승인 후 18개월 또는 시장 출시 후 12개월의 시장독점권을 준다고 한다. 제품에 따라 최초로 출시되는 바이오시밀러에 대해서 우선권을 주겠다는 내용이다. 후발주자에게 불리할 것은 자명하다. 그러나 다행히도 독점권이 1년밖에 되지 않는다. 경쟁이 일어나지 못할 정도의 특권을 주는 것은 아님에 만족해야 할 것 같다. 또한 EU나 미국 외 다른 국가들은 이와 같은 제도를 두지 않았으므로 이에 위안을 삼을 수밖에 없다. 어쨌든 바이오시밀러의 등장으로 바이오 시장이 완전경쟁perfect competition으로 가는 날도 머지않았다.

에이즈백신을 향한 꿈

에이즈백신의 거장을 만나다

새천년이 시작된 2000년 여름, 나에게는 유난히 에이즈백신과 관련된 일이 많았다. 캐나다의 웨스트온타리오대학 교수인 강칠룡 박사가 에이즈백신 연구 공로로 삼성 호암상을 수상하기 위해 한국을 방문해 만남을 가졌다. 또 한 명의 세계적인 백신 거물도 만날 수 있었다. 바로 돈 프랜시스Don Francis였다. 프랜시스는 에이즈백신 회사인 백스젠VaxGen의 공동설립자이자 CEO 자격으로 한국을 방문했다. 그는 백스젠의 첫 제품인 에이즈백스AIDSVAX가 대규모 임상에 들어가기 전에 향후 상업용 생산을 할 만한 생산기지와 이를 위한 투자처를 찾고 있었다. 그는 한

국내 손꼽을 만한 대기업들을 돌면서 의사결정자들과 만남을 가졌다.

프랜시스는 기업가보다는 학자의 인상을 풍겼다. 실제로도 그는 아카데믹한 배경을 가지고 있었다. 캘리포니아에서 자라 버클리에서 학부를 마치고 노스웨스턴Northwestern 의대에서 의학박사를, 하버드 의대에서 이학박사를 취득한 특급 프로필을 가진 인물이었다. 그 후 그는 미국 보건성의 질병관리국CDC, Center for Disease Control에서 20여 년간 감염질환과 백신연구에 매달렸다. 수단, 인도, 방글라데시와 나이지리아에서 천연두와 에볼라, 콜레라와 싸웠고 B형간염 백신의 대규모 임상실험에도 참여했다. 1981년에는 CDC의 에이즈바이러스 연구실 책임자가 되어 본격적으로 에이즈에 대한 연구를 추진했다. 세계 최초로 에이즈바이러스를 발견했던 프랑스의 파스퇴르연구소와 공동작업도 했다. 에이즈의 파급성과 위험성을 누구보다 먼저 알았던 프랜시스는 에이즈를 막기 위해서는 더이상 연구실에 있어서는 안 된다는 것을 깨달았다.

1992년 그는 에이즈백신을 개발하겠다는 각오로 CDC를 떠나 바이오 회사인 제넨텍에 둥지를 틀게 되었다. 당시 같은 샌프란시스코에 위치했던 카이론과 백신 경쟁을 하던 제넨텍이 그를 스카우트한 것이다. 그러나 백신에 경험이 없었던 제넨텍은 에이즈백신 개발의 리스크를 깨닫고 생각을 바꾼다. 경영진들은 분사를 제안한 프랜시스의 뜻에 따라 그의 회사에 투자했다. 이렇게 해서 1995년에 탄생한 회사가 백스젠이다. 백스젠이 개발하는 제품은 공익과 직결된 에이즈백신이었기 때문에 투자 자체가 다른 벤처사와 달랐다. 에이즈백신의 개발자금으로 미국 정부(CDC, NIH)의 지원도 받을 수 있었다.

에이즈백스는 세계 최초로 임상 3상까지 진행했던 에이즈백신이었다. 아마도 백신 개발 역사상 가장 큰 기대와 주목을 받던 임상실험이었을 것이다. 이 실험은 3년간 약 8천 명의 지원자와 4개국 78개 병원에서 진행되었다. 그러나 아쉽게도 결과는 좋지 않았다. 백신의 효과를 발견하지 못한 것이다. 태국에서 실험한 결과는 통계적으로 볼 때 무의미했고 미국에서 진행한 실험만이 아주 낮은 효과를 보였을 뿐이었다.

흥미로운 것은 에이즈백신에 대한 한국 기업들의 관심이었다. 당시 백스젠의 한국인 고문이었던 신승일 박사가 프랜시스와 대기업들을 방문하면서 사업설명회를 할 때 많은 기업이 관심을 보였다. 국내에는 바이오 벤처 붐으로 '묻지마 투자'가 한창일 때였다. 에이즈백신의 세계적인 선두주자가 임상 3상에 참여해달라며 한국까지 찾아왔는데 매력을 느끼지 못할 회사는 없었다. 그러나 초기 산정된 시설 투자비가 2천억 원에 달했고 임상실험 성공을 장담할수 없었기 때문에 투자에 대한 검토조차 쉽지 않았다. 시간이 지나자 기업들은 하나둘씩 패를 내려놓았다. 그러나 개인투자자들을 포함한 몇몇 창업투자회사들은 그 매력을 포기할 수 없었다. 결국 한국의 KT&G와 소수의 창업투자회사가 비용을 부담하고, 백스젠이 기술을 지원한다는 조건으로 에이즈백스의 상업용 생산시설을 인천 송도에 짓기로 결정했다. 외자기업을 송도에 처음 유치하는데다가 대기업도 내리지 못했던 투자결정이었기에 당시로는 일대 센세이션을 일으켰다. 그러나 임상 3상이 실패로 끝나자 생산시설은 다른 방향을 찾을 수밖에 없었다. 그 시설은 결국 위탁생산사업을 하게 되었고, 이 회사가 오늘날 코스닥의 바이오 대장주로 알려져 있는 셀트리온이다.

세기의 임상실험이 실패하자 백스젠의 인재들은 하나둘 떠나기 시작했다. 후속으로 국방부에서 의뢰받은 탄저균백신 등의 프로젝트가 있었으나 정상적으로 진행될 수 없었다. 백스젠은 결국 다이아덱서스 DiaDexus라는 진단사업을 하는 회사에 합병되어 현재는 그 이름만이 유지되고 있다. 에이즈백신 개발의 전 과정을 진두지휘했던 돈 프랜시스는 '감염질환의 글로벌 솔루션'이라는 NGO단체를 설립했다. 그는 아직도 에이즈백신에 대한 꿈을 포기하지 않고 끝없는 열정을 계속 펼쳐가고 있다.

백신이란 무엇인가

바이오 의약품은 다른 말로 생물학적제제라고도 하는데, 가장 오래된 생물학적제제로는 백신을 들 수 있다. 바이오 의약품을 지칭하는 바이올로직스biologics라는 단어도 원래는 백신을 두고 주로 쓰는 용어였다. 바이오 의약품이 주로 단백질을 기본으로 하고 있는데 비해 백신은 조금 다르다. 쉽게 말해서 백신으로는 병원체의 조각을 쓸 수 있기 때문에 그 성분은 단백질이 될 수도 있고 당중합체^{polysaccharide}나 DNA 또는 병원균이나 바이러스 자체를 그대로 쓰기도 한다.

백신은 일반 약들과 다르게 건강한 사람에게 투여한다. 갓난아이에서 성인까지 모두 투여하므로 안전성 확보가 상당히 중요하다. 또한 많은 인구에게 정책적으로 투여하기도 하고, 몇 번씩 투여해야 하는 경우도 있어서 가격이 싸야 한다는 인식이 강하다. 따라서 경제적인 관점으로 볼 때 백신의 시장은 매우 작다. 2005년 기준으로 전 세계 시장규모가 약 70억 달러였다. 이것은 당시 화이자에서 나온 콜레스테롤 강하제 리피토^{Lipitor} 하나의 매출밖에 안되는 수준이다. 경제적으로는 초라하지만 역사적으로는 천연두백신이나 소아마비백신에서 볼 수 있듯 공중보건적 의미가 대단히 크다.

백신의 매출규모 때문에 예전에는 많은 회사가 백신 개발을 등한시했다. 각국 정부는 백신 개발을 활성화하고 독려하기 위해 기업들에게 인센티브를 주었다. 연구비용에 대한 세금을 감면해주거나 독점권으로 시장을 보장해주기도 했다.

그러나 오늘날은 상황이 많이 달라졌다. 백신에 대한 제약 회사들의 인식이 달라졌다. 일단 매출이 큰 백신이 등장했다. 폐렴백신 프레브나^{Prevnar}의 경우 2015년까지 60억 달러의 매출을 기대할 정도다. 최초의 암백신이라고 할 수 있는 자궁암예방백신 가다실^{Gardasil} 같은 제품도 10억 달러 이상의 매출을 올리고 있다. 신종플루로 백신에 대한 더욱 큰 수요를 감지한 제약 회사들은 너도나도 백신을 개발하고 있다. 오늘날 다국적 제약사들은 백신 개발사업부를 대부분 가지고 있다. 앞으로 큰 성장을 기대하고 있다.

바이오테러리즘이 가져온 것

탄저균 테러 이후 부시 행정부는 50억 달러에 가까운 돈을 바이오테러리즘 방지책인 바이오실드^{Bioshield} 프로그램에 투여했다. 바이오테러에 대한 미국의 정책은 실제 백신연구와 개발에 커다란 변혁을 가져왔다. 바이오실드 프로그램의 핵심은 생물학적 무기에 대한 방어 연구와 방어를 위해 백신을 비롯한 인프라를 구축하는 것이었다. 기존에 없었던 정책을 추진해야 했기에 50억 달러에 가까운 예산은 다른 곳에서 끌어와야 했다. 그래서 NIH 외 많은 기존 국책연구비를 바이오실드 프로그램으로 빼앗아올 수밖에 없었다.

바이오테러에 대한 백신으로 이미 사용되고 있었던 제품은 탄저균백신과 천연두백신이었다. 탄저균백신은 1970년부터 국방부에서 사용하고 있었는데 바이오스렉스^{Biothrax}라는 제품을 바이오포트^{BioPort}라는 업체로부터 공급받고 있었다. 그러나 바이오스렉스는 면역성을 얻기 위해 18개월간 여섯 번이나 접종해야 했고 부작용도 있었다. 미국 정부는 더욱 효과적인 탄저균백신을 개발하기 위해 백스젠에게 9억달러어치의 제2세대 탄저균백신 개발 및 생산을 의뢰했다. 그러나 2년 후까지도 진척이 없자 정부는 계약을 취소하였다. 그리고 하는 수없이 바이오포트에게 탄저균백신을 조달받게 되었다.

천연두백신으로는 와이어스^Wyeth에서 만든 드라이백스^Dryvax라는 제품이 있었다. 이 제품의 역사는 19세기로 올라갈 정도로 가장 오래된 백신 중 하나다. 드라이백스는 천연두에 감염된 송아지의 임파선을 처리하여 만든 제품으로 그동안 백만이 넘는 군관계자들이 접종받았다. 그러나 역시 부작용이 나타나면서 사노피파스퇴르의 제2세대 천연두로 대체되었다.

일반 상업용 제품들과 달리 바이오 테러에 대응하는 백신은 개발이 어렵다. 먼저 임상실험만 보더라도 백신의 효과를 알기 위해서는 치명적인 병원성 미생물에 대한 방어능력을 테스트해야 하는데 그 과정이 너무나 위험하다. 이러한 실험에는 윤리적인 문제가 뒤따랐다. 그래서 2002년 미국 당국은 생물무기에 대한 백신에 한해 임상실험을 면제하는 대신 두 가지 다른 종의 동물을 이용하여 실험하는 것으로 대체하였다. 그러나 이 방법으로는 인체에 대한 효과를 명확하게 알 수 없다는 단점이 있다.

또 한 가지 어려움은 개발자를 찾는 문제다. 비록 미국 정부가 50억 달러를 들여 개발한다고는 하지만 대개 이익률이 낮은 프로젝트인 관계로 대형 제약 회사들은 참여를 피한다. 따라서 어쩔 수 없이 프로젝트는 작은 바이오 회사에게 수주를 주게 되는데 경험이 부족한 이들의 수행능력은 언제나 의문시되고 있다.

백신 연구의 이면

바이오실드 프로젝트에서는 백신의 실제적 개발과 생산뿐 아니라 더욱 효율적인 백신을 만들기 위한 기초 연구도 진행된다. 그밖에 생물학적 무기를 감지할 수 있는 기술, 희생된 피해자의 치료를 위한 의료기술 등도 포함한다. 효율적인 백신을 만들기 위해서는 병원체 자체에 대한 연구와 면역반응에 대한 의생물학적 연구가 수반되어야 한다.

필자도 2004년부터 이 프로젝트에 연관되어 존스홉킨스 의과대학에서 백신과 면역반응에 대한 연구를 수행했다. 존스홉킨스 의대는 말라리아백신 개발로도 세계적인 위치에 있었기 때문에 백신 연구에는 아주 비옥한 토양을 가지고 있었다. 보건대학에서 개설하는 강의를 들으면서 백신의 대가인 스텐리 플롯킨을 만난 것도 큰 행운이었다. 플롯킨은 백신학의 바이블이라고 할 수 있는《백신Vaccines》의 저자이기도 하다.

초일류급 기관에서 유명한 인물들과 연구를 수행했지만 마음 한구석이 편치 않았던 것은 이러한 연구가 순수한 과학적인 필요나 상업적인 수요에 따른 것이 아닌 정치, 군사적인 동기와 취지에 그 바탕을 두고 있었기 때문이다. 나는 이러한 연구는 언젠가 분명 한계에 봉착할 것이라 생각했다.

결국 바이오실드 프로젝트는 오바마 정권에 들어와 찬밥신세를 면할수 없었다. 프로젝트는 죽지 않았지만 연구비는 삭감되었고 아직까지 그렇다 할만한 획기적인 백신을 개발하지도 못했기 때문에 앞으로 그 운명은 불 보듯 뻔하다.

그러나 이 프로젝트가 기여한 부분도 분명 있다. 바이오실드 프로젝트 덕에 신종플루에 대한 빠른 대응이 가능했다. 눈에 보이지 않고 간접적이지만 기초면역학에 기여를 했다. 그동안 투입한 연구비 덕에 새로운 기술들과 새로운 발견들이 속속 나오고 있다. 항원보강제^{adjuvant}가 대표적인 예다. 그동안 백신에는 알럼^{alum, alumiuim hydroxide}이라는 항원보강제만이 고집되고 있었다. 그런데 이제 새로운 항원보강제의 개발이 현실화되고 있다. 조만간 신종플루나 다른 병원체에 대항해 쓰일지도 모른다.

바이오 테러는 새로운 트렌드를 이끌어냈고 전혀 예상치 못했던 방향으로 우리를 인도하고 있다. 미국의 정치가나 과학자들이 어리석지 않다면 기존의 바이오디펜스를 전환시켜 더욱 효율적인 프로젝트로 거듭나게 할 것이다. 이 정도는 해야 그동안 쏟아부은 국민들의 세금에 대한 적절한 설명이 가능하지 않을까?

원숭이, 스스로 목숨을 끊다
─동물실험의 역사와 현황

원숭이를 추모하며

존스홉킨스 의대에서 근무하던 시절, 우리와 공동연구 중이었던 S사의 피터에게 전화가 왔다. 미안하지만 이번 주에 보낼 샘플이 하나 줄었다고 했다. 그동안 혈액 샘플을 채취해왔던 원숭이 하나가 자살을 했다는 것이다. 너무 당황스럽고 충격적이었다.

원숭이는 사육장 벽을 사정없이 들이받다가 죽었다고 했다. 이 슬프고도 충격적인 소식을 듣고 다른 연구원들은 '온몸으로 항거하다 절명한' 원숭이의 입장을 공감하는 분위기였다. 무균벤치에 앉아 있던 동료 하나가 말했다.

"매주 주사 찌르고 피도 뽑고 거기다가 점액 채취한답시고 콧구멍이랑 항문까지 쑤셔대는데 그 스트레스는 나라도 못 견뎠겠다."

당시 우리 연구실에서는 에이즈백신 개발을 위한 전임상실험을 진행하고 있었다. 이를 위해 38마리의 붉은털원숭이Rhesus macaque에게서 혈액과 타액, 콧물, 항문의 점액을 채취했다. 여기에서 혈액 내 백혈구의 면역반응과 분비되는 항원의 농도를 분석할 수 있었다.

원숭이를 이용한 동물실험은 미국에서 상당히 보편화되어 있다. 불과 수년 전만 해도 동물실험은 생쥐, 토끼 정도였다. 하지만 요즘은 논문의 수준을 올리기 위해 원숭이까지 이용한다. 사람과 생리학적, 유전학적으로 가장 유사한 동물이기 때문에 더욱 선호된다.

다양한 동물실험 때문인지 미국의 동물보호 기준은 상당히 엄격하다. 대학, 연구소 같은 기관에는 모든 연구원이 정식으로 동물실험 관련 교육을 받아야 한다. 매년 해당 기관 내 담당자들이 이를 감시하고 평가한다. 동물을 안락사시키는 방법도 중요하다. 가장 널리 이용하고 있는 실험동물인 생쥐의 경우 이산화탄소를 이용한다. 생쥐를 통에 넣고 이산화탄소를 주입하면 산소의 분압이 떨어져 살 수 없게 된다. 말하자면 가스실과 같은 개념이다. 우리가 생각하기에는 관대한 방법으로 들릴지 모르겠지만 생쥐는 생각보다 많이 괴로워한다. 그렇다고 한때 한국 실험실에서 했듯이 생쥐 목을 잡고 꼬리를 당겨 척추를 끊는 방법을 쓸 수는 없다. 그랬다가는 그 사람은 미국에서 다시는 동물실험을 할 수 없게 된다.

미국 동물보호법의 탄생

미국의 동물보호법이 생긴 역사를 보면 흥미롭다. 최초의 연방 동물보호법은 '28시간법'으로 1873년에 제정되었다. 그 당시에는 실험동물이라는 개념이 없었으므로 주로 가축들에게 해당되는 법이었는데 28시간에 한 번씩은 쉬게 하고 물을 줘야 한다는 것이다. 그런데 미국은 워낙 넓은 나라라 가축을 매매하기 위해 28시간 이상을 움직이는 경우가 흔했기 때문에 당시에는 이를 어기는 경우가 비일비재했다.

현대 동물보호법의 기원은 페퍼Pepper라는 달마시안 개였다. 1965년 6월, 페퍼는 집 뒤뜰에서 놀다가 온데간데없이 사라졌다. 페퍼의 주인은 백방으로 찾다가 우연히 펜실베니아 가축거래인의 차에서 페퍼가 염소들과 함께 끌려 내려가는 모습의 사진을 보게 된다. 그 후 수소문을 통해 페퍼가 뉴욕의 한 개장수에게 팔렸다는 사실을 알아냈다. 페퍼의 가족은 개장수를 찾아가 우리 안에 있을지 모르는 페퍼를 찾아볼 수 있게 해달라고 부탁했다. 그러나 개장수는 이를 허락하지 않았다. 페퍼의 가족과 개장수의 실랑이는 결국 펜실베니아 주 하원의원이었던 레즈닉 의원의 귀에까지 들어갔다. 동물애호가였던 레즈닉 의원의 도움과 펜실베니아 주 경찰청의 협조로 조사가 시작되었다. 그러나 안타깝게도 페퍼는 뉴욕의 한 병원에 팔려가 그곳에서 실험동물로 취급되다가 안락사한 것으로 밝혀졌다.

이 사건으로 동물학대의 부당함을 깨달은 레즈닉 의원은 동물보호법에 대한 법안을 의회에 상정했다. 우여곡절 끝에 1966년 8월 24일, 당시 미국 대통령이었던 존슨의 승인으로 현재의 미국 공법 89-544가 만들어졌다.

어쩌면 이 글을 읽는 독자 중에는 이러한 제도를 이해하지 못하는 사람도 있을 것이다. 어렸을 적 집에서 키우던 개가 사라지면 '결국 보신탕집에서 산화되었겠구나.' 하며 찾기를 단념했던 경험이 있는 사람들이 많기 때문이다. 그러나 최근 한국에서도 동물학대법에 대해 관심이 많아지면서 상황이 많이 바뀌었다. 논란이 된 몇 가지 사건들이 많은 동물애호가들의 가슴에 불을 지른 것 같다.

뚱딴지 같은 소리로 들릴지 모르겠지만, 한국과는 비교할 수 없을 정도로 훌륭한 동물보호법이 수립되어 있는 미국의 동물들은 과연 행복할까? 주인에 따라 다르겠지만 일반적으로나 수치상으로 볼 때 전혀 그렇지 않은 것 같다.

미국 농림부의 발표에 의하면 2005년 한 해 미국에서 실험용으로 쓴 동물은 120만 마리가 넘는다. 그런데 이 숫자는 실험동물의 90%를 차지하는 설치류를 제외한 숫자라고 하니 얼마나 많은 동물이 실험용으로 죽어가는지 짐작할 수 있다.

실험용 원숭이는 2002년에만 9만 6천 마리가 쓰였다고 한다. 대부분 우리에 감금되어 실험용에서부터 해부용으로까지 쓰이고 있으니 정말 불쌍하다. 인간의 이익을 위해 수많은 원숭이들이 이렇게 사라지고 있다. 그 수가 너무 많다 보니 확률적으로 스스로 목숨을 끊는 원숭이까지 생길 수 있는 것이 아니었나 생각해 본다. 생명을 소중하게 여긴다면 동물실험은 각별한 마음을 가지고 임해야 한다. 인간의 안전과 더욱 좋은 제품을 개발하기 위해 살신성인한 원숭이들이 아닌가. 먼저 간 원숭이들에게 마음속 깊이 고마움을 표하며 명복을 빈다.

의학도서관의
추억

도서관에서 변비약을 발명하다

좀 지저분한 얘기일지 모르겠지만 나는 대학교 때부터 희한한 버릇이 하나 있었다. 도서관에만 가면 이상하게도 화장실에 갔다. 그리고는 꼭 큰일(?)을 봐야 했다. 도서관에 책을 찾으러 갔다가 기대하지 않았던 일을 보고 돌아오는 경우가 부지기수였다. 대학원 시절 기숙사의 룸메이트에게 그 사실을 고백했더니 룸메이트는 자기도 그런 적이 많다면서 공감했다.

어쩌면 생각보다 많은 사람이 이런 현상을 경험했을지도 모른다. 워낙 오랫동안 이 현상에 대해 생각하다 보니 이제는 나름대로 정립한 가

설이 있다. 일반적으로 도서관에는 오래된 책이 많다. 책이 오래되면 색이 바래기도 하고 펄프가 자연분해된다. 이때 발생되는 휘발성 물질이 사람의 부교감신경을 자극하여 대장을 조인다는 것이 내 가설이다. 휘발성 물질이 무엇인지는 실험을 통해 증명해야겠지만 만약 이러한 내용을 바탕으로 변비약을 만든다면 신개념 변비약으로 변비약 시장을 평정하지 않을까?

좀 황당한 주제로 이야기가 시작되었지만 어쨌든 나에게 도서관은 화장실처럼 후련함을 주고, 침실처럼 포근함을(자주 엎드려 잤던 관계로)

존스홉킨스 의과대학의 웰치 의학도서관 건물

©장건희

주는 그야말로 집같이 편안했던 공간이었다. 서가의 수많은 책은 언제나 나의 머리를 지식으로 채워줄 것 같은 풍성함을 느끼게 했고, 두툼하게 복사한 논문들은 마음 한구석을 든든하게 했다.

오래전 존스홉킨스^{Johns Hopkins} 의대 연구원으로 들어갔을 때도 예외없이 가장 먼저 도서관을 찾았다. 존스홉킨스대학에는 도서관이 스무 개나 있다. 그중 내가 자주 갔던 곳은 중앙도서관이라고 할 수 있는 밀튼 S. 아이젠하워 도서관과 의대의 윌리엄 L. 웰치^{William L. Welch} 의학도서관이었다.

오래된 의학 저널들

미국 명문 의과대학으로는 하버드 의대 뒤를 잇고 최고의 병원으로 둘째가라면 서러워하는 곳이 존스홉킨스 의대다. 20세기에 접어들면서 개원을 했으니 다른 명문 의대병원에 비하면 역사는 그리 길지 않다. 하지만 많은 노벨상 수상자를 배출하고 세계 최초로 의학과 공학을 결합했다.

대학의 지식창고라고 한다면 당연히 도서관이다. 과연 미국 최고 의대의 의학도서관은 어떤 곳일까?

웰치도서관은 존스홉킨스 병원 캠퍼스에 별도로 세워진 의학전문도

Grand reading room 이라는 이름이 붙여진 열람실.
초록빛 조명이 화려함을 더한다.

서관으로 1929년 처음 개관해 80년 이상의 역사를 갖고 있다. 도서관
의 이름은 과거 보건대학 학장이자 당대 최고의 병리학자였던 웰치 박
사의 이름을 따서 붙였는데, 사실 웰치 박사 자신도 도서관 설립을 주
도했던 인사 중 한 사람이었다고 한다. 도서관은 르네상스 식의 건축물
로, 내부는 일곱 가지 다양한 대리석과 천정벽화, 1650년에 짜인 태피
스트리(Tapestry, 색실로 짠 주단) 등으로 장식이 되어 있어 고풍스럽고 심
히 아름답다.

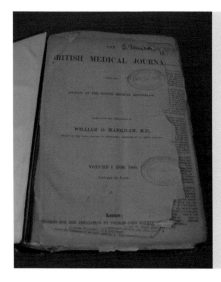

영국의학저널
(British Medical Journal)
창간호.
많은 손을 거쳐서 그런지
보관상태가 좋지는 않다.

ⒸMedical Journal 장건희

　내가 웰치도서관을 특별히 좋아했던 것은 고풍스런 건물과 은은한 커피향을 풍기는 예쁜 카페 때문이기도 했지만 무엇보다 도서관이 소장하고 있는 고서古書가 가장 큰 이유였다.

　의학도서관에는 보통 단행본이 많이 비치되어 있지만 실제로 의사나 의대생들이 많이 찾는 것은 의학논문이다. 웰치도서관에서 구독하는 의학 관련 정기간행물은 의학 관련 논문만 2,400여 종으로 세계 최고 수준이다. 없는 논문이 거의 없다. 재미있는 것은 상당히 오래된 서적들도 누구나 쉽게 열람할 수 있도록 비치되어 있다는 점이다. 서가를 10분만 돌아다니다 보면 아주 오래된 책들을 쉽게 발견할 수 있다. 아직도 의료인들이 가장 많이 참고하는 저널인 〈영국의학저널British Medical

프랑스에서 1840년대 출판된
의용심리학 연감.
말 그대로 고색창연하다.

©장건희

Journal〉, 〈미국의학회저널Journal of American Medical Association〉의 창간호를 발견
할 수 있었는데 발행년도가 각기 1861년, 1883년이었다.

그리고 의학저널로서 최고의 권위를 자랑하는 〈란셋Lancet〉은 예상했
던 대로 한참 더 거슬러 올라간 1854년에 창간되었다. 케케묵은 논문들
로 즐비한 서가의 한켠에서 나는 우연히 한 일본저널을 발견했다. 그것
은 〈생화학저널Journal of Biochemistry〉이라고 하는 간행물이었다. 이 저널은
일본에서 간행되는 영문저널로 아직도 많은 독자층을 가지고 있는데
놀랍게도 1922년에 창간되었다. 그때 한국에는 겨우 서양의학이 전수
되기 시작했을 텐데 일본에서는 이미 영어, 독어, 프랑스어로 쓰여진 국
제적인 생화학저널이 발행되고 있었다. 일본의 의학기술을 다시 한 번
생각해 보게 하는 단면이다.

서가에서 찾은 가장 오래된 저널은 〈의용심리학 연감Annales Medico-
psychologies〉이라는 프랑스 저널로 창간호가 1843년에 발행된 것이었다.
가만히 책을 바라보며 그 시대를 상상했다. 이 책을 읽던 19세기 사람
들의 모습이 그려지며 그들의 숨결이 아련하게 느껴졌다.

사라져 가는 도서관 문화

그러나 옛 논문을 펼쳐보며 감탄하는 것이 언제까지 가능할까? 도서관의 실체가 없어질 날이 다가오고 있다. 이미 도서관에 사람들의 발길이 끊긴 지 오래다. 한때는 정신없이 복잡했던 논문 복사실에도 복사기만 잠자고 있을 뿐 사람들은 보기 힘들다. 열람실이나 홀에는 갈 곳 없는 학생이나 시험을 앞두고 있는 대학원생들이 와서 노트북컴퓨터를 두드리는 정도다. 미국 대학은 한국 대학과 달리 도서관을 독서실처럼 이용하지 않는다. 빈 강의실이나 소속 학과에 자습실이 있기 때문이다.

도서관이 이렇게 바뀐 원인은 전산화의 결과다. 이제 대부분의 논문들뿐만 아니라 단행본까지도 디지털파일로 다루어지고 있다. 불과 4, 5년 사이에 벌어진 일이다. 그리고 모든 자료검색, 다운로드 등이 온라인으로 이루어지기 때문에 이제는 도서관의 인덱스가 도대체 어디에 붙어 있는지 찾아보기조차 힘들다. 손가락 놀리기에 익숙해진 현대인들이 도서관까지 걸어오는 것을 귀찮아하는 시대가 온 것이다.

이제는 도서관 사서의 역할도 달라지고 있다. 아니 이미 달라져 버렸다. 이들의 업무는 예전과 같이 책을 찾아주거나 관리하는 일이 아니다. 정보 시스템 담당자처럼 캠퍼스의 도서정보 시스템을 구축하고 관리한다. 웰치도서관도 그 외모에 맞게 전시 및 박물관으로 바뀌게 되었다. 여덟 개에 달했던 서가도 두 개만 남기고 종이책은 이제 역사 속으

로 사라지게 된다. IT기술의 위력을 새삼 느낀다. 앞으로는 도서관 화장
실을 찾는 낭만도 없어질 것이기에 그 모든 것이 못내 아쉽기만 하다.

제2장

바이오산업의
스캔들

Bioindustry

내부자거래

에릭과의 재회

프롤로그에서 소개했던 메드이뮨의 에릭을 다시 만난 것은 9/11사태 후 두 달이 지나서였다. 에릭 차우는 대만 출신 중국인으로 미시건대학 원에서 화학공학박사를 받은 후 유명한 존슨앤존슨의 중앙연구소를 거쳐 1992년 메드이뮨에 입사했다. 처음 만났을 당시 그는 디렉터급의 고위 간부였는데 중국계 1세로는 산업계에서나 미국사회에서도 성공한 인물로 평가받고 있었다. 낮은 톤으로 조용히 대화하던 모습이 인상적이었던 에릭은 같은 동양인으로서 존경스러웠다. 그 후로도 학회 등을 통해 에릭의 소식을 종종 듣게 되었는데 메드이뮨의 부사장^{Vice president}

으로 승진하는 등 계속 승승장구하였다.

그러나 2004년 〈워싱턴포스트〉에 실린 기사 하나는 충격적이었다. 에릭이 내부자거래로 검찰의 조사를 받고 있으며 재판 날짜가 잡혀 있다는 기사였다. 그는 최고 징역 10년에 처해질 수 있는 혐의를 받고 있었다. 어떻게 그런 일이 일어날 수 있는지 믿어지지가 않았다.

내부자거래사건의 발단은 에릭이 바이오 회사 에이비론^{Aviron}의 주식 10000주를 매수하면서 시작되었다. 메드이뮨의 부사장 위치에 있던 에릭은 자신의 직권을 이용하여 2001년 12월에 메드이뮨이 에이비론을 인수한다는 정보를 얻고 당시 35달러짜리 에이비론 주식을 사들였다. 분명한 내부자거래였다. 에이비론 주식은 메드이뮨의 주식으로 전환되면서 50달러의 가치를 갖게 되었고 에릭은 14만 6천 달러(대략 1억 5천만 원)의 차익을 얻었다.

그러나 문제는 에이비론이 메드이뮨에 매각된다고 발표된 날부터 NASDR(National Association of Stock Dealers Regulation, 국립증권거래 규제국)의 컴퓨터가 가동하기 시작했다는 것이다. 그들은 불공정거래를 색출하기 시작했다. 문제의 주식거래는 바로 다음날 들통났고 그 후 불과 일주일 만에 검찰조사가 시작되었다. NASDR의 컴퓨터는 메이저급 인수합병이 발표되면 발표 시점 전후로 해당 기업 임직원의 증권계좌에 거래되는 주식이 해당 기업의 주식인지를 검색^{data mining}한다. 만약 적발될 경우 대부분 경고 조치를 취하거나 차익을 회수하거나 벌금형에 처한다. 대개 에릭처럼 징역형으로까지는 이어지지 않는다.

그러나 놀랍게도 에릭은 이미 과거에 두 차례나 이런 식의 거래를 한 기록이 추가로 드러났다. 1999년 메드이뮨이 유에스 바이오사이언스US Bioscience라는 회사를 4억 달러에 인수할 때도 주식을 사서 만 8천 달러(대략 2천만 원)의 차익을 본 적이 있고, 2000년 임클론이라는 바이오 회사와 제휴한다는 발표를 할 때도 임클론의 주식을 사서 5만 달러(대략 5천만 원)의 이익을 봤던 것이다. 바늘 도둑이 소도둑 된다고 했던가. 에릭이 번 돈은 만 8천 달러에서 점점 커져 15만 달러에 이르렀다.

결정적으로 그는 자신이 주식을 사지 않았다고 법정에서 위증을 하면서 최악의 상황을 맞게 되었다. 그는 아내가 자신의 계좌를 이용하여 주식을 구입했다고 거짓말을 했다. 이에 해당 증권감독원 측 검사는 다음과 같이 되물었다.

"그렇다면 당신의 아내가 당신 회사 사무실에 들어와서 당신의 책상에 앉아서 당신의 컴퓨터로 주식을 샀다는 것이오?"

궁지에 몰린 그는 그만 그렇다고 대답하고 말았다.

NASDR은 거래가 이루어지는 컴퓨터의 IP까지 추적이 가능하기 때문에 구체적으로 어디서 주식이 거래되었는지 알 수 있었다. 결국 에릭은 자신이 파놓은 구덩이에 빠지고 말았다.

센세이션을 일으킨 임클론 사태

이와 비슷한 시기에 뉴욕에서도 바이오기업과 연관된 또 하나의 내부
자거래사건이 일어났다. 이 사건에 연루되어 불명예스러운 스포트라이
트를 집중적으로 받았던 사람은 '살림의 여왕', 마사 스튜어트^{Martha Stuart}
였다. 그녀는 한국에도 꽤 알려져 있는 억만장자로 미국에서는 연예인
못지않게 큰 인기를 누리고 있다. 1990년대 방송을 통해 의상, 살림, 정
원 가꾸기, 손님접대 등 가사 관련 기술을 소개하면서 미국 여성들의
아이콘으로 떠올랐다. 1997년 자신의 이름으로 된 미디어 기업까지 세
우면서 억만장자의 대열에 합류한 유명인사다.

활동분야가 전혀 다른 마사 스튜어트가 바이오기업의 내부자거래사
건에 연루된 것은 어찌된 일일까? 그것은 그녀가 임클론^{Imclone}이라는
바이오 회사에 개인적으로 투자했기 때문이었다. 스튜어트는 임클론의
사장이자 창업자였던 샘 왁셀^{Sam Waksal}이라는 문제의 인물과 가까운 사
이였다. 왁셀은 자신의 회사에서 개발하던 첫 번째 바이오 신약 어비턱
스^{Erbitux}에 대해 2001년 12월 말 미국 FDA의 승인불가 판정을 통보받
았다. 그는 언론에 공개되기 전에 자신의 친구들과 가족들에게 이를 알
렸다.

왁셀의 전화를 받은 '순진한 친구' 스튜어트는 자신이 소유하고 있던
임클론 주식 23만 달러어치를 즉시 매각하였다. 그녀에게는 몇 푼 되지

도 않는 돈이었지만 왁셀 덕분에 손실을 면했다고 생각했다. 그러나 샘 왁셀로부터 정보를 얻고 팔았다는 사실이 언론으로 흘러나오면서 그녀에 대한 대대적인 조사가 시작되었다.

2003년 6월, 스튜어트는 미 연방법원으로부터 아홉 건의 형사 사건으로 기소됐다. 내부거래 혐의와 관련된 것이 아니라 에릭의 경우와 유사하게 증거 조작 및 인멸을 통해 내부거래를 숨기려 한 혐의 때문이었다. 조사 끝에 그녀가 2001년 12월 27일에 샘 왁셀과 11분간 통화한 후 곧바로 자신의 계좌가 있는 메릴린치의 브로커에게 전화하여 전량을 매각하도록 지시했다는 것이 밝혀졌다. 스튜어트는 자신의 회사 회장자리에서 물러났고 유죄판결을 받아 5개월간 복역했다.

바이오계의 '허풍선이 남작'

여기서 샘 왁셀에 대한 이야기를 빼놓을 수 없다. 샘 왁셀은 말 그대로 이 바닥의 '걸물'이다. 어떤 사람들은 그를 '희대의 사기꾼'이라고도 하고, 또 다른 사람들은 '혀를 내두를 정도로 박식하고 매력적인 인물'이라고 한다.

그는 폴란드 이민자이며 아우슈비츠 수용소 생존자의 아들로 파리에서 태어났지만 부모와 함께 미국 오하이오 주 데이턴으로 왔다. 비상한

머리를 가지고 있던 그는 뛰어난 학업능력 덕분에 오하이오주립대학에서 면역학 연구로 박사까지 취득하였다. 그 후 스탠포드대학, 미 국립보건연구원[NIH], 터프트[Tuft]대학 등 번지르한 유명기관들에서 연구원 생활을 하다가 동생과 함께 임클론을 설립했다. 그는 텍사스 MD앤더슨 의대의 멘델스존 교수로부터 얻은 항체를 바탕으로 어비턱스라는 바이오 의약품을 개발했다. 우여곡절 끝에 어비턱스는 신약으로 판매허가를 받았으나 그때 왁셀은 이미 내부자거래로 체포된 후 증권사기, 금융사기, 위증으로 복역 중이었다. 전형적인 과학자의 길을 걸어온 그였지만 임클론을 경영하면서 그가 보여준 행태는 전혀 과학자답지 않았다. 이 점을 의아하게 생각했던 〈월스트리트저널〉의 지타 아난드[Geeta Anand] 기자는 그의 과거를 파헤치면서 진기한 사실들을 발견하게 된다.

왁셀이 연구원으로 있었던 스탠포드대학, 국립보건원구원, 터프트대학, 마운트사이나이병원에서 나온 그에 대한 평가는 '윤리의식이 없고 연구내용을 조작하거나 거짓 결과물을 내놓는 인물'이었다. 그는 대부분의 연구소에서 파면당했던 것이다. 터프트 의대에서 그를 지도했던 로버트 슈왈츠 박사는 그를 '100년에 한 번 나올까 말까 한 인물'이라며 '호소력이 매우 뛰어나서 누구든 설득할 수 있는 능력이 있다.'고 말했다. 왁셀은 슈왈츠 박사 연구실에 있으면서 실행하지도 않은 실험에 대해 한 것처럼 얘기하는가 하면 사육하지도 않은 동물을 연구한다고 하는 등 허위의 이야기를 꾸며대며 결과물을 내놓지 않아 쫓겨났다고 한다.

왁셀이 계속 과학계에 남아 있었다면 과거 한국에서 일어났던 줄기세포 관련 사건이 미국에서 먼저 일어나지 않았을까 싶다. 그가 학계를 떠난 것은 모두에게 잘된 일이었다. 그는 임클론이라는 벤처회사를 차리고 특유의 언변과 화려한 설득력으로 상당한 투자를 유치하였다. 하지만 어비턱스 전에는 하나의 제품도 내놓지 못했다. 20여 년간 투자받은 돈만 까먹고 있었다는 이야기다. 그렇게 유지할 수 있었던 게 놀라울 지경이다.

그는 임클론 외에도 다른 바이오 회사의 창업에 관여하는 등 총 15개 회사의 감투를 쓰고 있었다. 문제는 이들 회사의 금고를 자신의 호주머니인 양 활용했다는 사실이다. 수십만 달러의 회사돈을 빌려쓰고 갚지 못한 경우도 많았다. 그는 구속이 되기 전까지도 수차례 빚으로 인한 고소를 당했다. 결국 2003년 6월, 7년 3개월의 실형을 선고받고 미시건 주의 밀란이라는 작은 시의 연방교화소에서 복역했다.

참회자들의 귀환

그래도 세상은 실패한 자들을 영원히 버리지는 않는다. 모든 사람들에게는 죄질과 경중을 떠나 결국 회복할 수 있는 기회가 반드시 다시 돌아온다. 물론 기회를 찾으려고 발버둥치는 자들에게는 더욱 빨리 돌아오겠지만.

　마사 스튜어트는 5개월의 짧은 복역을 마치고 복귀하여 더욱 왕성한 활동을 이어가고 있다. TV에도 다시 등장하고 새로운 사업도 계속 펼쳐가고 있다.

　샘 왁셀 역시 7년이 넘는 세월을 보내고 출소했다. 놀랍게 그도 벌써 바이오업계에 복귀하여 캐드먼Kadmon이라는 바이오업체를 설립하여 투자를 받고 있다고 한다. 누가 그를 위해 투자하겠나 하겠지만 과거 임클론으로 재미를 본 투자자들은 그를 다시 찾아와 제2의 임클론을 만들기를 부추겨왔다.

　1년형이 선고되었던 에릭도 수감생활을 마치고 나왔다. 최근 어느 웹사이트를 통해 그의 재기 소식을 듣게 되었다. 에이즈백신 개발을 주도하는 한 NGO단체에서 자신의 능력을 다시금 꽃피우고 있었다. 에릭은 이미 큰 대가를 치렀다. 그는 그것을 잊지 않을 것이다. 앞으로 그의 재능이 사회에 빛과 소금과 같은 역할을 하기 바라며 그의 성공적인 재기와 건승을 빈다.

억만장자를 꿈꾸는
모험가들

바이오 벤처에 뛰어드는 인재들

"건, 나 회사를 떠나기로 했어."

복도에서 마주친 영대가 흥분된 표정으로 말했다.

"뭐? 무슨 소리야. 어디로 갈 건데?"

다짜고짜 떠나겠다는 영대에게 나는 놀란 표정으로 물었다.

미국 회사 동료인 영대는 북경대학교 화학과를 졸업하고 미국 미시건주립대에서 박사학위를 취득한 아주 똑똑한 친구다. 질량 분석기 전문가로 둘째가라면 서러워할 만한 사람이다. 그가 떠날 것이라고는 전혀 예상치 못했던 나는 무척 놀랐다. 며칠 전까지만 해도 그는 새로 구입한 질량 분석기의 이용법을 익히느라 일주일간 출장을 다녀오기도 했다. 영대는 뉴햄프셔에 있는 신생 바이오 벤처회사인 애디매브^{Adimab}로 간다고 했다. 이미 몇 개월 동안 조용히 고민해 왔던 모양이었다. 우리는 한국음식점에서 영대가 좋아하는 장어덮밥을 먹으면서 얘기를 나누었다.

"월급은 지금보다 좀 적지만 주식을 받기로 했어. 그쪽에서 일하는 사람들을 만나 봤는데 정말 똑똑하고 같이 일하고 싶은 마음이 들더라."

스타급 교수들의 공동창업

애디매브는 다트머스대학 공대의 틸만 게른그로스 교수와 MIT의 댄 위트럽 교수가 창업한 회사다. 두 사람은 모두 미국 명문 대학교의 교수들인데다가 이미 벤처에 성공 이력이 있는 '선수'들이다.

게른그로스는 오스트리아 출신으로 다트머스에서 자리를 잡은 후 글라이코파이^{GlycoFi}라는 대학 기반의 벤처를 처음 차렸다. 그가 가지고 있는 기술은 효모에서 단백질을 생산하는 것이다. 효모세포는 인간세포와 유사한 면이 많아 인간의 단백질을 생산하기가 좋다. 그러나 당쇄라는 단당류가 사슬로 연결된 형태에 차이가 생길 수 있는데 게른그로스는 이 당쇄 부분도 인간의 것과 똑같이 만들도록 효모의 유전자를 바꾸어 놓았다. 효모가 인간화된 단백질을 만들어내게 한 것이다. 효모세포는 증식이 매우 빠르기 때문에 대량 생산 또한 가능했다. 게른그로스는 이 기술로 의약용단백질을 생산하는 데 성공했고 특급 저널에 논문을 게재하였다. 글라이코파이의 기술은 널리 인정받게 되었고 미국의 제약 회사 머크^Merck가 이를 눈여겨보다가 2006년 5월에 재빠르게 인수를 제의했다. 인수 대금은 무려 4억 달러(약 4천억 원)였다. 막대한 자본을 손에 넣은 게른그로스는 SV 라이프사이언스라는 벤처캐피탈에 참여하여 현재 파트너로도 활약하고 있다.

댄 위트럽도 이에 못지않은 유명 과학자다. 명문 캘리포니아 공과대학에서 화학공학으로 박사학위를 취득한 그는 일리노이대학에 재직하면서 바이오디스플레이^Biodisplay technologies라는 회사를 공동창업하였다. 그 역시 효모 전문가로 '효모를 이용한 표면발현'이라는 기술을 구사했다. 이 기술은 원하는 형태의 단백질을 효모세포의 표면에 발현시키는 기술인데 단백질 의약품 개발에 스크리닝법으로 사용되고 있다. 바이오디스플레이는 일종의 페이퍼 컴퍼니였다. 위트럽은 이 회사를 기술과 특허만 있는 회사로 키우려고 했는데 너무 일찍 역량을 인정받았는지 2001년에 세계 10대 제약사 중 하나인 애보트^Abbott가 7백만 달러(약 70억 원)에 인수했다. 그 후 위트럽은 MIT에서 청빙을 받고 일리노이대학을 떠났다.

이런 두 명의 스타 교수가 공동으로 창업하는 경우는 흔치 않다. 그

것도 성공한 이력이 있는 두 사람이 회사를 세웠으니 성공가능성이 더욱 높아지지 않겠는가.

영대가 판단을 잘한 것인지 운이 좋았는지는 알 수 없지만 아무튼 탁월한 선택을 한 것 같았다.

바이오 벤처, 뭐가 좋을까?

대형 다국적 제약사에서 벤처로 자리를 옮기는 것은 쉬운 결단이 아니다. 그러나 나름대로 장점이 있다. 대개 미국 바이오 벤처의 경우 대기업보다 높은 연봉을 보장한다. 그것은 그만큼의 리스크가 있기 때문이다. 또한 직급도 대기업에 비해 한 단계 올려서 영입한다. 왕성하게 성장하는 회사는 기회가 많기 때문에 대기업에서는 상상할 수 없는 쾌속 승진도 가능하다.

벤처에서의 업무는 대기업보다 훨씬 자유롭고 융통성이 있다. 물론 일이 너무 많고 다양하며 잡무도 불사해야 한다는 단점도 있다. 그러나 그만큼 많은 일을 배울 수 있다. 빠른 의사결정으로 신속하게 일이 진행되어야 하기에 중요한 결정권이 직급이 낮은 사원들에게 주어지는 경우도 많다. 미국의 벤처들은 대기업 출신의 경력자들을 영입하여 경영을 맡긴다. 이들은 자신이 운영하는 조직의 규모와 한계를 잘 파악하기 때문에 무리하게 밀어붙이지 않는다. 요새는 대기업 못지않게 합리적으로 사업을 추진하는 하는 벤처회사도 많이 있다.

물론 벤처회사에서 일할 때 겪는 단점도 많다. 대기업과 협력할 때 '을'의 위치에 서는 것도 힘 빠지는 부분이다. 가끔은 열심히 하는 벤처들이 큰 회사들이나 벤처캐피탈들에 의해 휘둘리기도 한다. 이런 때 직원들은 정말 일할 맛이 안 날 것이다. 벤처는 일반적으로 자원과 시설이 부족한 경우가 많다. 아무것도 없는 환경에서 하나씩 갖춰 가려면 직접 발로 뛰고 시간을 들여야 한다. 심지어 업무를 가르쳐줄 사람이 없을 수도 있다. 어쩔 수 없이 혼자서 발버둥칠 수밖에 없다. 또 벤처는 대개 개발에 집중하기 때문에 상업화 단계를 잘 몰라 이 부분은 대기업에게 넘겨야 할 때도 있다.

벤처는 한계가 너무나 분명하기 때문에 언제든지 문을 닫을수 있다. 그래서 투자받은 돈이 얼마 남았나 은행잔고를 확인하며 목숨을 부지하는 경우도 비일비재하다. 회사가 돈이 없으면 월급을 줄 수가 없어 스톡옵션으로 대체하는 경우도 있다. 전망이 좋은 회사의 경우는 사원들이 반가워하겠지만 그렇지 않은 회사는 억울하기 그지없다. 따라서 벤처에서 근무하는 사람들은 자신의 성장을 위해서도, 스톡옵션을 현금화하기 위해 회사의 성공을 기다린다.

여기서 성공의 개념에 대해 잠깐 설명하고자 한다. IT 관련 산업의 경우 비교적 짧은 시간 내 매출이 나오고 이익도 생긴다. 그러나 신약을 개발하는 바이오 회사의 경우는 다르다. 신약의 최종 판매승인을 얻기까지는 상당히 오랜 시간이 걸리며, 판매승인이 떨어지기 전까지는 매출이나 이익이 생기지 않을 수도 있다.

그럼 과연 바이오 회사들은 어떻게 성공하여 기업가치를 올릴 수 있을까? 스톡옵션을 현금화시킬 수 있는 기회가 오기는 할까?

그래서 많은 바이오 회사는 최종적인 신약의 승인만을 바라보는 것이 아니라 중장기적 성공을 향해 달린다. 예를 들면 대기업과 제휴를 맺는다든지, 대기업에 제품을 매각하거나 회사 전체를 매각했을 때가 중요한 성과의 이정표라고 할 수 있다. 벤처회사의 가치는 이렇게 올라간다. 공개된 회사라면 주식이 올라갈 것이고 공개되지 않은 회사였다면 상당한 프리미엄을 얹어 지분을 넘길 수 있다.

억만장자를 꿈꾸는 벤처인들

억만장자까지는 아니었지만 평범한 연구원으로 일하다가 백만장자의 꿈을 이룬 사람은 바이오계에서 리처드 셸러가 처음일 것이다. 현재 제넨텍의 연구개발을 총괄하는 수석부사장 자리에 있지만 그때까지만 해도 그는 캘리포니아 공과대학의 대학원생이었다. 그는 제넨텍의 비상장주 1500주를 받고 DNA를 합성하는 프로젝트에 참여하였다. 그러나 그는 DNA 합성에 실패했고 바로 팀에서 잘렸다. 처음에 그저 한낱 종이쪽지 같았던 주식은 그 사이에 수차례의 무상증자를 거쳤고 제넨텍이 나스닥에 상장되면서 그가 소유하고 있던 주식의 가치는 말 그대로 백만 달러를 상회하게 되었다. 〈LA타임즈〉는 1면에 꽁지머리에 꾀죄죄한 대학원생이었던 셀러의 모습을 싣고 '백만장자가 된 연구원'으로 소개했다. 그러나 며칠 후 아쉽게도 주가가 조정되면서 그의 이름은 백만장자의 명단에서 사라졌다.

몇 년 전에도 미국 바이오 분야에 과학자 또는 연구원 출신으로 주식부자가 된 사람은 많이 있었다. 제넨텍의 CEO였던 아더 레빈슨도 3억 달러 이상의 주식부자였고, 길리아드 사이언스의 존 마틴이나 메드이뮨의 호크마이어 같은 최고경영자들이 뒤를 이었다. 이제는 백만장자를 훌쩍 넘어 억만장자로 가는 추세다.

미국에 이런 억만장자가 많은 것이 놀라운 일은 아니지만 미국 외에도 이런 바이오 억만장자가 존재할까? 그렇다. 많이 알려져 있지 않아서 그렇지, 사실 유럽과 아시아에도 바이오 주식부자들이 꽤 있다.

유럽에서 알려진 인물 중 가장 유명한 벤처영웅은 크리스 에반스^{Chris Evans}다. 바이오 벤처가 유럽에 알려지기도 전에 그는 미국에 건너와 그 맛을 보고 고향인 영국으로 돌아가 엔자이매틱스^{Enzymatix}라는 회사를 차렸다. 캠브리지대학 근방에 연구실을 차린 후 20개 이상의 벤처회사를 창업했고 그중 8개는 런던 증시에 상장되기도 하였다. 그중에 카이로사이언스라는 회사는 후에 유럽에서 꽤 알려진 셀텍이라는 회사에 인수되었고 셀텍은 다시 벨기에 제약사인 UCB에 인수되었다. 현재 그는 멀린 바이오사이언스라는 벤처캐피탈 회사를 운영하고 있으며 2001년에는 영국 여왕으로부터 작위도 수여받아 에반스 경으로 불리운다.

그가 영국의 〈네이처〉와 인터뷰한 내용 중 창업과학자들을 위한 조언이 있었다. 창업자로서 지나치게 지분에 연연하지 말라는 당부였다. 자신의 지분을 너무 챙기려고 하면 비즈니스가 풀리지 않는다며 '이름도 없는 골칫덩이 벤처지분 92%보다 앰젠과 같이 성공적인 벤처의 0.2% 지분을 갖는 것이 낫지 않은가?'라고 말했다. 또한 '유혹은 늘 있는 법이다. 그러나 과학자들은 마음을 비워야 한다. 그렇지 않으면 황금알 낳는 거위를 죽이는 수가 있다.'고 경고했다.

이번에는 아시아로 건너가 보자. '바이오의 여왕'이라는 칭호를 받은 키란 마숨다르 쇼^{Kiran Mazumdar-Shaw}는 인도의 여성 기업가다. 그녀는 인도에서 가장 부유한 여성으로 평가된다. 스코틀랜드계 영국인과 결혼한 키란은 호주에서 석사학위를 받았는데 금녀의 세계인 양조(술제조)분야를 공부한 탓인지 취직이 통 되지 않았다. 이에 실망한 그녀는 자신의 고향 인도 뱅갈로 돌아와 집의 차고에 자본금 만 달러로 회사를 차렸다. 1978년 그녀는 아일랜드의 바이오콘^{Biocon}이라는 작은 회사에게 조인트벤처를 제안하였고 그것이 받아들여졌다. 바이오콘 인도지사가 설립된

것이다. 그녀는 파파야 과일에서 추출한 효소를 공급하였고 이것은 맥
주의 저장기술에 사용되었다. 이러한 과정 속에서 그녀는 새로운 기술
을 개발하고 적용하여 성장해 나갔다. 1989년 바이오콘 아일랜드 본사
가 네덜란드계 유니레버에 인수되었다. 키란은 계속 관계를 지속하며
회사를 키우다가 1998년 바이오콘의 지분을 모두 사들이고 바이오콘
을 독립시켰다. 바이오콘의 최대주주이자 최고경영자가 된 키란은 산
업용 효소산업에서 한발 더 나아가 바이오 의약부분으로 범위를 넓혀
갔다. 그녀가 키운 바이오콘은 오늘날 1500명의 직원들이 10억 달러
이상의 매출을 올리는 거대한 바이오 회사가 되었다. 그러나 그녀는 인
도에서 최고의 부자여성이라고 불리우는 것을 질색한다. 자신은 단지
바이오콘이라는 팀이 쌓은 부를 관리하는 사람일 뿐이라고 말하는 겸
손한 인물이다.

바이오 회사의 공동묘지

피어스바이오텍Fiercebiotech이라는 바이오 관련 포털사이트를 구경하다
보면 '바이오 묘지 뉴스'라는 섹션이 있다. 이곳에 이름이 오르는 회사
들은 파산했거나 매각되어 이름이 사라지는 회사들이다. 또 바이오텍
커리어센터Biotech Career center라는 포털에는 아예 묘비석 그림까지 있다.

이곳에는 사라진 바이오 회사들의 이름들이 새겨져 있다.

우리가 잘 의식하지 못해서 그렇지, '죽어간 회사들'은 매우 많다. 경영에 실패하면 대개 헐값에 인수되지만 최악의 경우는 아예 파산보호 신청을 하고 정리에 들어간다. 가장 큰 타격을 받는 것은 역시 직원이다. 회사가 망하면 퇴직위로금이고 뭐고 없이 맨손으로 걸어 나가야 한다.

세상은 그리 호락호락하지 않다. 주가 뺑튀기를 바라는 것은 옛 추억이 되어 버렸고 대박을 터뜨렸다는 기사를 읽어본 지도 오래다. 요즘처럼 경제가 어렵고 해고가 빈번하게 일어나는 시대에는 그저 딴생각하지 않고 인내를 가지고 사심 없이 일하는 것이 최선이다. 이렇게 자리를 지키고 있는 것만으로도 감사할 일이다.

내부고발자

로스트, 제약업계를 겨누다

2007년 겨울, 한국 재계를 뜨겁게 달군 사건이 있었으니 모두가 기억하는 삼성 비자금 폭로 사건이었다. 삼성 구조조정본부 법무팀장 출신인 김용철 변호사는 천주교 정의구현사제단과 함께 삼성의 비자금 조성과 뇌물 로비를 폭로하였고 그의 '양심선언'으로 인해 그해 말 삼성특검(삼성 비자금 의혹 관련 특별검사)법률이 실시되었다. 약 10개월간 계속된 수사는 결국 삼성그룹의 이건희 회장을 퇴진시키고 구조조정본부를 해체시키는 등 그야말로 삼성그룹 전체를 뒤흔들어 놓았다.

홍미롭게도 비슷한 시기에 지구 반대편 미국에서는 제약업계의 부정에 대한 폭로가 일어나고 있었다. 그 스포트라이트를 받은 사람은 바로 피터 로스트^{Peter Rost}다. 로스트는 세계 최대 제약 회사인 화이자^{Pfizer}의 마케팅 부사장으로 근무하고 있었다. 그런데 로스트의 폭로 스케일은 김용철 변호사보다 좀 더 컸다. 그는 자신이 재직 중인 화이자를 포함한 대형 제약 회사들이 가격이 싼 외국산 의약품이 미국에 수입되는 것을 의도적으로 막고 있다고 주장했다.

그가 처음 세상에 알려지게 된 것은 미 상하원에 증인으로 나와 외국산 저가 약품을 허용하는 법안을 통과시켜야 한다는 주장을 하면서부터였다. 당시는 미국과 국경을 두고 있는 캐나다는 약값이 50%나 싼데 이런 저가의 의약품을 법제화를 통해 들여와야 한다는 여론의 의견이 분분하게 일어나고 있던 때였다. 물론 화이자를 포함한 몇몇 대형 제약 회사들은 이를 강하게 반대하고 있었다.

그 후 그의 존재는 시사고발 프로그램 60분^{60 Minute}과의 인터뷰와 〈뉴욕타임즈〉에 기고한 글로 일반인들에게까지 폭넓게 알려졌다. 로스트의 이러한 대담한 행동에 화이자는 당연히 분개하였다. 회사의 임원으로서 사내방침과는 전혀 다른 주장을 펼쳤다는 이유로 화이자는 그를 소외시키기 시작하였다. 그는 사내 이메일에 접속할 수 없었고 전화는 불통이 되었다. 비서는 다른 부서로 배치되었고 로스트는 사무실에 홀로 남았다. 화이자에서 그는 왕따가 되었다. 그러나 로스트는 이러한 자신의 상황을 미디어를 통해 공론화시킴으로써 화이자를 더욱 난감하게 만들었다.

폭로의 배경

인터넷 뉴스를 통해 피터 로스트에 관한 기사를 처음 접했을 때 나는 그를 이해할 수 없었다. 전문의 출신으로 제약 회사의 마케팅을 담당하는 임원이 도대체 무슨 한이 맺혔길래 그런 대담한 행동을 하는가?

게다가 상대는 다름 아닌 화이자였다. 화이자는 단순한 미국의 제약 회사가 아니다. 최근 와이어스와의 합병으로 이제는 타의 추종을 불허할 정도의 세계 최대의 제약 회사가 되었지만 합병 전에도 매출이 500억 달러(대략 50조 원 이상)에 달하는 초대형 제약 회사였다. 160년이 넘는 전통에 대한 자부심 또한 대단했다. 업계에서 화이자는 엘리트주의로 똘똘 뭉쳐 있는 아주 보수적인 회사로 알려져 있다.

화이자 같은 초일류기업에서 보장된 철밥통을 차고 있던 임원급 인사가 무엇이 아쉬워 그런 무모한 행동을 한다는 말인가? 자신의 회사뿐만 아니라 수많은 제약 회사에 대항하여 싸우겠다고 나서는 것 또한 김용철 변호사와는 다른 면이었다. 그의 양심선언의 배경이 궁금한 와중에 그가 쓴 책《내부고발자The whistleblower》를 읽게 되었다.

로스트는 원래 스웨덴에서 태어났다. 그는 응급의학을 전공했으며 영화배우처럼 훤칠한 키에 준수한 외모의 소유자다. 그런 외모 덕에 광고모델로도 활동했다. 제약산업에서의 그의 경력은 와이어스에서 시작된다. 그는 와이어스에서 북유럽의 디렉터로 마케팅, 판매를 담당했다.

그 후 스웨덴에 본사가 있던 파마시아로 이직하여 성장호르몬 판매를 담당하게 되었다. 미국 시장 관련 업무를 맡으면서 그는 가족들과 미국으로 이주했다.

2002년 7월, 미국의 대형 제약사 화이자는 파마시아를 600억 달러에 인수한다고 발표했다. 화이자에게는 워너-램버트 인수 후 또 한 번의 대규모 인수합병이었다. 화이자는 이듬해 대대적인 구조조정을 단행했고 파마시아의 여러 부서가 분리매각되는 등 커다란 변화가 따랐다. 로스트에게도 우려했던 일이 일어나고 말았다. 자신을 포함한 상당수의 파마시아 출신 직원들이 감원대상에 포함된 것이다. 로스트의 상사도 회사를 떠나고 대부분의 부하직원도 회사를 떠나거나 다른 부서로 옮기게 되었다.

이런 상황에서는 자발적으로 다른 자리를 알아보는 것이 사람들의 일반적인 대응방식이지만 로스트는 인수회사인 화이자에서 '끝까지 남아 버티기'에 들어갔다. 곧 회사 사무실 건물의 대대적인 수리보수가 시작되었다. 한마디로 '방 빼'라는 뜻이었다. 공사장을 방불케 하는 작업 때문에 업무를 제대로 볼 수 없었지만 로스트는 책상을 사수하였다.

어느 날 그는 마르시아 안젤 박사가 제약 회사들을 비판하며 쓴 책 《제약 회사는 어떻게 우리 주머니를 털었나》를 읽게 되었다. 그리고 그가 인터넷에 남긴 댓글 하나가 그의 인생을 바꿔 놓았다. 화이자의 임원이 쓴 외국산 저가 의약품의 수입을 지지하는 글이 커다란 반향을 일으켰던 것이다. 그는 바로 유에스투데이, 60분 등 사회고발 프로그램에

출연하여 언론에 알려졌고 각종 인터뷰에 응했다.

이때 그는 전혀 새로운 사실을 폭로하기 시작했다. 과거 와이어스에서 있었던 급여장부를 이용한 탈세사건이었다. 그는 이 사실을 〈뉴욕타임즈〉에 폭로했다. 연이어 화이자 합병 전 파마시아에서 자행되던 성장호르몬의 불법판매도 폭로했다. 우리나라에서도 공공연하게 알려졌지만 왜소증 치료에 쓰는 성장호르몬을 불법적으로 노화방지제로 광고, 판매한 것이다. 로스트는 화이자에 복수와 항거의 뜻으로 선전포고를 한 셈이었고 화이자는 미 법무부의 조사를 받게 되었다. 2005년 12월, 로스트는 화이자의 부사장직에서 해고당하고 말았다.

하지만 로스트는 언론에서의 빈번한 인터뷰와 토론으로 점점 더 유명해졌다. 인터넷 블로그에서도 뜨거운 논쟁을 불러일으켰다. 그동안 제약 회사들의 횡포에 대항해 싸우던 시민단체들이나 미국 민주당 의원들과도 가까워졌다. 오바마 정권에 들어와서는 첫 FDA 청장 후보로 이름이 오르내리기까지 했단다. 물론 최종 지명을 받지는 못했다.

양심선언의 결과

《내부고발자》는 로스트의 양심선언 전후로 일어난 일들을 기록한 내용이다. 이 책은 그에게 일종의 참회록이라 할 수 있다. 그 자신도 공범이기 때문이다. 조직이 부패하게 된 데에는 자신과 같은 사람이 있었기 때문이라며, 조직의 문제점뿐만 아니라 아니라 자신의 부패한 부분도 같이 드러내고 있다. 결국 그 또한 '한패'요, '한통속'이었던 것이다. 그런데 이상하게도 이 책을 읽다 보면 그가 원래 '한패'며 '한통속'이었다는 것을 차츰 잊어버리게 된다.

로스트의 책을 읽은 지 얼마 되지 않아 김용철 변호사도 책을 냈다는 소식을 들었다. 한국에서 책을 공수받아 읽으며 마치 로스트의 책을 읽고 있는 것 같은 느낌이 들었다. 김용철 변호사 역시 공범이요, 조직원 중 한 사람이었다. 김용철 변호사나 피터 로스트는 그동안 어둠 속에 꼭꼭 숨겨져 있던 것을 적나라하게 노출시켜 독자들에게 충격과 통쾌함을 동시에 안겨주었다.

나 역시 처음에는 재미삼아 읽기 시작했다. 하지만 책을 덮고 나서는 마음이 그리 편하지 않았다. 그 둘은 시종일관 비판한다. 모든 것이 흑백이며 비판의 표적에 대한 어떠한 긍정적인 평가도 없다. 비판적인 내용으로 책 한 권을 가득 채우려다 보니 그 범위가 점차 넓어진다. 표적이 애매해지면서 크게 관련 없는 주변 인물들의 개인적 치부까지 사정없이 들추게 된다. 무고한 사람들까지 다치게 하는 것이다.

사실 잘못은 기업의 몇몇 부서나 극소수의 인물들을 중심으로 일어난 것인데 비난의 화살은 폭넓게 조준된다. 로스트는 해당 기업을 넘어 제약산업 전체가 마치 비윤리적인 산업인 것처럼 매도한다. 결국 책의 말미로 가면 모두 싸잡아 비판할 수밖에 없다. 화이자건 삼성이건 그냥 나쁜 회사가 되는 것이다.

지난날 대한민국에서 삼성맨으로 직장생활을 시작해 현재 미국에서 제약산업에 몸담고 살고 있는 나는 괜시리 억울한 마음이 생겼다. 책을 읽을 때는 많은 부분 공감했지만 덮고 나니 공감할 수 없는 작은 부분이 마음을 울렸다. 마치 가족의 치부를 목격해 버린 어린아이 같은 기분이었다.

만약 '회사의 주인은 직원이다.'라는 말에 동의한다면 여기서 소개한 두 책의 이야기는 사실 회사 자체와는 아무 상관 없는 이야기들이다. 회사와 관계된 극소수의 사람들이나 일부 잘못된 정책방향과 관례에 대한 이야기일 뿐이다. 160년 역사의 화이자와 위대한 샐러리맨들에 의해 세워진 삼성과는 거리가 먼 이야기라는 뜻이다. 수십만 명의 사원들의 피땀으로 일궈진 이미지가 배신한 조직원들에 의해 먹칠 당할 수는 없다. 이들 기업에는 비윤리적인 사원들보다 올바른 윤리정신을 가지고 사명감으로 일하고 있는 사원들이 훨씬 많다. 그런 사람들조차 악랄한 회사의 직원으로 폄하되는 것이 부당하고 슬프게 느껴진다.

이들의 양심선언이 가져온 것은 무엇일까? 삼성에버랜드사건은 무죄 판결이 났고 그밖에 연루된 자들 중 형이 선고된 사람들도 대부분 사면을 받고 현직에 복귀하였다. 미국에서 저가 의약품 수입은 계속 금지상태에 있고 오바마 행정부가 추진한 의료개혁도 바이오 신약의 독점기간 12년을 더는 낮추지 못했다. 변화는 없었다. 결국 한바탕의 쇼로 끝나 버린 고발사건들이 아니었나 싶다. 그저 변화의 필요성을 다시한 번 깨달았을 뿐이다.

신약개발에 대한 변명

과거 제약 회사들은 독점이라는 특권으로 황금기를 누렸다. 그에 따라 크게 성장했지만 약가를 마음대로 정해 막대한 폭리를 취했다는 비난은 피할 수가 없었다. 인간의 생명을 놓고 장사를 한다느니 환자를 볼모로 삼는다느니 하는 많은 비판에 시달렸다.

제약 회사들은 그동안 어려웠던 시절을 잘도 피해 왔지만 최근에 닥친 의료개혁에 다시 한 번 철퇴를 맞아야 했다. 미국에 의료개혁법안이 만들어지면서 보험 회사와 제약 회사들은 역적으로 몰릴 수밖에 없었다. 제약 회사들을 비판하는 서적들이 많이 나왔지만 제약 회사들은 반박하지 못했다.

하지만 너무 막무가내로 비난을 받다 보니 어이없는 오해도 많이 섞여 있었다. 변명이라 할지라도 오해를 바로잡아야 할 필요가 있다. 다음은 제약 회사에 대한 비판 중 신약개발에 대한 세 가지 주장이다. 여기에 어떤 오해가 숨겨져 있는지 살펴보자.

주장 〈1〉

제약 회사들은 혁신적인 의약품에는 관심이 없으며 잘 팔리는 다른 회사의 약을 따라 만드는 미투me-too 의약품에만 관심이 있다. 그래서 시장에는 비슷한 제품들이 제약 회사별로 나와 있으며 가격 또한 대단히 비싸다. 약은 한 가지만 있으면 되는데 제약 회사들은 이런 식으로 자원을 낭비하며 비용만 증가시키고 있다.

이런 이야기가 완전히 틀린 얘기는 아니다. 실제로 제약 회사들은 구조도 비슷하고 효과도 비슷한 약들을 가지고 있다. '미투 의약품'이라는 용어 자체에도 사실 약간의 부정적이고 냉소적인 뉘앙스가 숨어 있다. 그러나 다른 관점에서 보면 여기에 상당한 오해가 있다.

첫째, 약은 모든 사람에게 동일하게 작용하지 않는다. 같은 약이라도 체질에 따라 효과를 보는 사람이 있는가 하면 전혀 효과를 보지 못하는 사람도 있다. 비슷한 약물들은 이런 의미로 필요하다. 그리고 의사와 환자들에게도 효능, 가격을 바탕으로 선택할 여지가 있어야 한다. 실제로 지난 40여 년간 출시된 의약품들을 조사해 보면 적게는 2개에서 많게는 16개의 같은 치료군의 미투 약품들이 판매되었다.

둘째, 다른 제약 회사들이 이미 개발하여 잘 팔리는 것을 '따라 만든다'는 논리는 의약품 개발과정에 대한 무지에서 비롯된 것이다. 한 가지 의약품을 개발하는 데 보통 10년 정도 걸린다. 다른 제약사가 개발하여 잘 팔리는 것을 보고 따라 만든다면 10여 년이 추가로 걸릴 텐데 이런 뒷북치는 짓을 제약 회사가 할 리도, 할 수도 없다. 또한 신약을 개발하려면 기존에 나와 있는 의약품보다 반드시 우월한 점이 있어야 당국의 허가를 받을 수 있다. 똑같은 약을 따라 만든다는 생각이라면 우월한 약을 만들 수 있을까?

셋째, 이러한 미투 제품들은 일반적으로 비슷한 시기에 동시에 개발된다. 개발자들은 학회 또는 논문을 통해 발표되는 새로운 이론, 정보를 보고 아이디어를 얻어 비슷한 시기에 개발을 시작한다. 그러나 회사에 따라 사정이 다르기 때문에 개발이 빨리 되는 제품이 있는가 하면 시간이 많이 걸리는 경우도 있다. 출시가 조금 늦었을 뿐 상당한 창의성과 노력으로 만들어진 제품을 싸잡아 미투 제품이라고 부르고 있는 것이다. 연구에 들인 노력을 생각하면 부당한 대우가 아닌가 싶기도 하다. 이렇게 간발의 차이로 늦게 나온 약은 대개 먼저 나온 약보다 가격을 낮추어 판매한다. 결국 득을 보는 것은 환자다.

넷째, 가장 먼저 출시한 약이라고 제일 좋으란 법은 없다. 급하게 개발하는 바람에 충분한 임상실험을 못해서 약간의 부작용이 발견된다든지 내성이 발견되는 경우도 있다. 또 후발주자로 개발된 의약품 중에 대박을 터뜨린 경우도 흔하다. 화이자에서 판매되었던 리피토라는 콜레스테롤 저하제가 대표적이다. 많은 사람이 리피토가 과도한 마케팅으로 블록버스터가 되었다고 하지만 사실 리피토는 스타틴계 콜레스테롤 저하제 중 다섯 번째로 출시된 약으로 기존의 스타틴계 약물과 비교가 되지 않을 정도로 우수한 약효를 나타냈다. 그런 사실을 알고 있던 화이자는 워너-램버트와의 합병을 감행하여 리피토를 손에 넣은 것이다.

주장 〈2〉

미국의 모든 의약품은 국민의 세금으로 지원받는 국공립연구소 또는 대학에서 최초 개발된 것이다. 제약 회사들은 이를 쉽게 가져가 상업화시키고 이익을 독식해 왔다.

논리 있는 주장이고 나 역시도 일부는 사실이라고 생각한다. 그러나 100% 받아들이기에는 무리가 있다.

이 주장을 처음 공론화시킨 사람이 바로 《제약 회사는 어떻게 우리 주머니를 털었나The truth about the drug companies》이라는 책을 쓴 마르시아 안젤Marcia Angell 박사다. 그녀는 세계 3대 의학저널인 〈뉴잉글랜드 의학저널〉의 편집장이었으며 의학박사다. 제약 회사를 직접 겨냥한 그녀의 책은 대표적인 비판서로 대학교 교재로 쓸 정도로 잘 쓰인 책이다. 그녀의 주장에 의하면 혁신적인 연구는 대부분 국민의 세금으로 조성된 연구비로 진행되었다고 한다. 그 주체는 미 국립보건원의 연구비를 받은 국책연구소, 대학 그리고 작은 바이오 회사들이다.

그러나 여기서 주의 깊게 봐야할 것은 신약개발에 소요되는 비용이다. 실제 평균적인 금액을 보면 기초연구비보다 임상실험에 드는 비용이 월등하게 많다. 임상실험에 드는 비용은 늘 제약 회사가 직접 부담한다. 또한 국책연구소나 대학에서 개발된 기술들은 대개 특허를 취득하므로 제약 회사들은 그들에게 대개 기술료를 지불한다. 제약 회사가 원천특허를 소유하고 있지 않는 한 일반적으로 매출의 상당 부분이 기술료로 지불되고 있다. 따라서 제약 회사가 이익을 독식한다는 것은 무리한 주장이다.

기존 제품들이 어디에서 처음 개발이 되었는가에 대한 논쟁은 아직도 일고 있으며 다양한 조사와 분석결과가 나오고 있다. 당연히 제약산업계에서는 자신들이 유리한 결과를 주장한다. 2001년 7월, 미 국립연구원에서는 블록버스터 제품 47개 중 4개만이 연방정부의 특허를 가지고 있다고 발표했다. 제약 회사의 로비단체인 파마^{PhRMA}는 90%가 사기업에서 개발한 것이라는 보고서를 내놓았다. 그리고 싱크탱크인 맨하탄 연구소에서 2008년에 발표한 논문도 제약산업의 손을 들어주고 있다.

주장 〈3〉

신약개발에는 막대한 비용이 들어가기 때문에 판매승인 후 높은 가격으로 팔리고 있다. 그러나 높은 가격에 비해 그만한 효과가 없다. 신약 탓에 의료비 부담만 커졌다.

새로운 의약품의 효과에 대한 의견은 분분할 수 있다. 신약에 따라 다를 수 있고 환자에 따라 다를 수 있다. 효과가 진짜 있는지 없는지는 시간이 지나면서 알 수 있다. 효과가 없는 약물은 자연히 도태된다. 그러나 신약의 출현으로 확실한 효과가 입증된 경우도 많다. 콜레스테롤 저하제와 혈전 관련 약품 덕분에 심장병 환자의 사망률은 현저히 낮아졌으며 이것은 현대 의약의 획기적인 업적이다. 에이즈 치료 또한 HAART법을 적용한 1995년부터 환자 수가 급격히 줄었다.

약이 많아지고 다양해지면 의료비의 부담이 커지기만 할까? 의약품의 적절한 사용은 오히려 비용을 줄인다는 조사보고가 있다. 이 보고서에 의하면 의약품을 적절하게 사용하면 응급상황을 피할 수 있고 입원할 확률을 낮추게 되므로 결국 병원비가 적게 든다고 한다. 뿐만 아니라 의료비에 포함된 약값을 따져 보면 의료비의 부담이 약값에서만 기인하지 않는다는 사실을 알 수 있다. 미국은 의료비 부담이 세계에서 가장 높은데 약값의 비율은 10%밖에 되지 않는다. 그리고 이 비율은 지난 50년간 일정하게 유지되어 왔다. 이에 비해 한국은 의료비가 낮은 편에 속하고 약값의 비중은 23% 정도다. 미국이 의약품의 부담을 너무 과대평가하는 경향이 있다.

오해는 불신에서 비롯된다. 신약개발에 대해 비판하는 국민이나 신약을 공급하고 있는 제약 회사들이 서로 불신하면 아무리 정확한 데이터로 반박해도 절대 해결되지 않고 불신만 깊어진다. 국가와 의료전문가들은 이 둘 사이의 중재역할을 해주어야 한다. 이들마저 비판에 참여해서는 그 누구도 승자가 될 수 없으며 패자만이 남게 된다. 제약 회사들은 더욱 투명하고 성숙한 기업 운영으로 국민의 신뢰를 회복하기 위해 끝없이 노력해야 한다. 그래야 언젠가는 양측 모두의 윈-윈이 현실화되고 그것을 넘어 시너지를 창출할 수 있다.

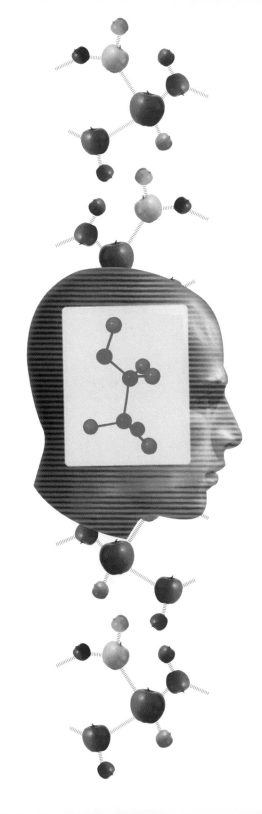

제3부

에필로그

제1장

바이오산업이란
무엇일까?

Bioindustry

바이오산업의
특성

바이오테크놀로지|BioTechnology란?

바이오테크놀로지(바이오기술, 생명공학기술)를 단순히 '생물을 이용한 기술'이라고 정의한다면 그 역사는 인류 문명의 탄생시기로 거슬러 올라가야 할 것이다. 그러나 이 책에서 말하는 바이오기술은 현대의 바이오기술을 의미한다. 2008년 미국 바이오[BIO]협회에서 발행한 가이드에는 바이오기술을 '세포나 생화학적 공정을 이용하여 문제를 해결하거나 유용한 제품을 만드는 것'이라고 정의하고 있다. 즉, 거시巨視적이 아닌 미시微視적인 생명공학기술의 활용이다.

미시적인 기술의 모든 출발점은 역시 유전자(DNA)다. 유전자가 중요한 이유는 지상의 모든 살아있는 생물이라면 유전자라는 코드(언어)로 설명이 가능하기 때문이다. 모든 생명체는 어떤 의미로든지 유전자를 공유하고 교환하며, 유전자로 서로 소통한다. 이러한 현상을 이용하는 것이 현대 바이오테크놀로지(바이오기술)이다.

우리는 이미 유전자를 자르고 붙이는 유전자재조합기술에 대해 살펴본 바 있다. 이 기술을 가지고 한발 더 나아간 것이 클로닝(동물복제)기술이다. 과거 복제양 돌리 같은 줄기세포를 통한 복제가 좋은 예다. 유전자를 조작해 얻어지는 단백질의 변형기술을 단백질공학이라고 한다. 그동안 단백질공학기술로 효소를 개량하거나 단백질 의약을 만드는 연구가 많이 진행됐다. 또한 세포의 대사를 이용하거나 배양시설의 스케일을 확장하여 산업에 이용하는 것을 생물공정기술이라고 한다. 이것은 미생물이나 동물세포를 수천, 수만 리터급의 탱크에서 안정적으로 배양하는 기술이다. 그밖에 단백질이나 세포를 사용하여 만든 센서를 바이오 센서라고 하며 그 기술은 더 나아가 DNA칩, 단백질칩으로 발전하였다. 오늘날에는 나노기술이 접목된 나노바이오기술이라는 분야가 눈길을 끌고 있다. 이러한 기술들을 통칭 바이오기술이라고 한다. 현대 바이오기술은 수십 년의 짧은 역사에도 불구하고 눈부신 발전을 해왔다.

바이오산업의 넓은 정의

이미 책 서두에서도 언급했다시피 이 책에서 다루고 있는 바이오 의약은 바이오산업의 일부에 불과하다. 또한 필자는 바이오 의약산업으로 유전자 치료나 줄기세포 분야를 포함시키지 않았다. 두 분야가 아직 '산업'이라고 보기에는 규모가 작고 발전하는 과정이기 때문이다. 광범위한 의미의 바이오산업은 바이오기술이 기존 산업에 적용된 형태를 통칭한다. 그 사례는 의외로 주변에서 쉽게 볼 수 있다. 부가가치가 높은 산업 중 하나인 미용산업의 경우 일찍이 바이오기술을 활용해 왔다. 보톡스^{Botox}가 대표적인 예인데 첨단 미용소재라고 할 수 있는 보톡스는 유전자재조합기술을 적용한 것이다.

식품산업도 바이오기술을 일찍이 도입하였다. 영양을 풍부하게 하여 건강을 증진시키기 위한 다양한 아이디어가 적용됐다. 식물성 식용유의 포화지방산을 줄이거나 등푸른생선에서 발견되는 기능성 지방산을 식물에서 생산하는 연구는 오늘날 성공적으로 상업화되었다. 수소화반응을 통해 트랜스지방산을 제거한 것도 좋은 예다. 바이오기술을 이용해 과일과 채소의 보존기간을 늘리거나 신선도를 높이기도 하며, 채소의 맛을 높여 품질을 개선하는 경우도 있다. 또한 식품의 안전성을 위해 바이오기술로 미생물의 오염을 방지한다든지 질병 또는 해충에 강한 유전자변이농작물까지 생산하고 있다. 미생물을 이용하는 발효식품은 균주의 개발이 중요하다. 균주를 개선하여 김치나 치즈, 요구르트와 같은 발효식품의 품질과 기능을 높일 수 있다.

바이오기술의 파급효과로 빼놓을 수 없는 것이 농업 분야다. 1900년만 해도 16억이었던 전 세계 인구가 현재 70억을 넘어 2050년에는 90억에 이를 것이라고 추정하고 있다. 식량은 갈수록 부족해질 것이며 기아를 극복하기 위해서는 농작물의 수확을 늘려야 한다. 그런 의미로 유전자변형농산물^{GMO}의 역할은 중요하다. 미국 식품 및 농업정책연구소가 발표한 2006년 보고서에 의하면 2005년 미국에서만 바이오기술을 이용한 작물로 4백만 톤의 증산이 가능했고 이에 따라 14억 달러의 원가가 절감되었다고 한다. 뿐만 아니라 농약 사용도 무려 3만 톤이나 줄여 전체적인 경제효과가 20억 달러에 달했다고 한다. 더욱 놀라운 것은 이 통계가 옥수수, 목화, 콩 등 여덟 가지 농산물만을 한정하여 조사했다는 사실이다. 그러니 앞으로 GMO에 대한 기대는 더욱 커질 수밖에 없다.

좀 더 구체적인 예를 몇 가지 들어 보자. 독일의 BASF에서 나오는 뉴트리덴스 옥수수는 영양성분이 강화된 작물이다. 높은 농도의 아미노산과 지방성분, 미네랄이 함유되어 있어 동물사료로 인기가 높다. 플로리진^{Florigene}이라는 화훼 회사에서 나오는 문더스트 카네이션은 연한 자줏빛을 띤다. 짙은 보랏빛 카네이션인 문섀도우의 후속제품이다. 카네이션은 델피니딘이라는 푸른 색소를 만들지 못하기 때문에 기존의 품종개량으로는 푸른색을 낼 수 없었다. 플로리진은 유전공학을 이용해 전에 없었던 색깔의 꽃을 만들어내고 있다. 몬산토^{Monsanto}에서 나오는 볼가드는 병충해에 강한 목화종자다. 목화다래벌레나 목화눈을 갉아먹는 애벌레에 잘 견딘다. 통계에 의하면 볼가드를 경작해서 농약 사용량을 2.5배나 줄였고 미국에서는 1999년에만 약 70만 톤의 농약 사용량을 줄였다고 한다.

바이오기술은 수산업이나 축산업에도 유용하게 활용되고 있다. 우선 어류나 가축의 질병을 탐색하여 식용제품으로서 안전한지 확인할 수 있다. 축산물의 육질을 개선한다든지, 우유를 더 많이 생산하게 한다든지, 달걀을 더 많이 낳게 하는 방법 등도 모두 바이오기술의 응용을 통해 나온 것이다.

바이오기술 중에 DNA 타이핑^{typing}이라는 것이 있다. 이는 마치 DNA를 손가락 지문처럼 활용, 검사하는 방법이다. DNA 타이핑이 가장 각광받는 분야는 법의학이다. 범죄현장에서 발견된 머리카락, 체액 등으로 범죄수사에 이용할 수 있기 때문이다. 영국은 80년대 중반 DNA 타이핑을 세계 최초로 수사에 도입하였다. 미국의 경우 1987년, 한국은 90년대 들어와 범죄수사에 활용하고 있다.

DNA 타이핑은 역사, 인류학에서도 이용되고 있다. 현존하는 가장 오래된 성경사본인 사해사본은 양가죽과 염소가죽 수천 장에 기록되어 있었다. 이것을 짜맞추기 위해 DNA 타이핑을 이용한 것은 정말 기발한 아이디어였다. 그밖에 고대 인류의 유골에서 유전자를 얻어 인류의 지리적 이동과 근원지를 파악하는 데 사용하기도 한다.

바이오기술이 이용되는 분야와 산업은 너무나도 다양하다. 이를 모두 자세하게 다루자면 또 한 권의 책이 나와야 할 것이다. 바이오산업 전반에 대한 설명은 여기까지 하기로 하고 다시 바이오 의약산업으로 돌아가 보자.

파괴적 혁신으로 본 바이오산업

21세기에 들어와 가장 주목받고 있는 경영혁신 이론들을 꼽는다면 아마도 파괴적 기술disruptive technology 이론이 포함되지 않을까? 1997년 하버드대 경영학과 교수인 클레이튼 크리스텐슨 교수는 그의 책《혁신 기업의 딜레마The innovator's dilemma》에서 '파괴적 기술'이라는 개념을 처음 제시했다. 간단히 얘기하자면 기존 시장에서 선전하고 있는 혁신기업도 이 파괴적 기술의 출현으로 순식간에 밀려날 수 있다는 이론이다. 우리는 이런 사례를 자주 봐왔다. 대표적으로 구글이나 아이폰 등의 출현을 생각할 수 있다. 크리스텐슨 교수의 책이 장기 베스트셀러로 주목받으면서 이 파괴적 혁신 이론은 널리 알려졌다.

바이오산업과 연관된 '파괴적 기술'에 대한 고찰이 전혀 새로운 시도는 아니다. 이미 크리스텐슨 교수는 《혁신 기업의 딜레마》에서 인슐린 시장에 등장한 '인슐린 펜'을 예로 들었다. 그리고 최근 미국 의료개혁과 관련된 책 《혁신가의 처방Innovator's Prescription》에서도 제약산업의 미래를 논하고 있다. 크리스텐슨 교수의 시각과는 조금 다르지만 나는 바이오기술을 제약산업 내에서 등장한 파괴적 기술로 보고 싶다.

바이오 의약품은 표적에 매우 선택적으로 작용한다는 특성이 있다. 또 체내에 친화성이 커서 안전성도 높다. 화학 의약품과 비교해 임상실험 성공률이 월등히 높다는 통계도 나오고 있다(터프트대학 통계).

불과 10여 년 전만 하더라도 바이오기술은 이제 막 그 존재를 선보이는 정도였다. 당시 바이오 회사들이 내놓은 제품은 전체 의약품 매출의 3~4% 정도에 지나지 않았다. 제약 회사들은 바이오에 관심이 별로 없었다. 문제는 그 후 10여 년간 전통 제약사들이 유례없는 강력한 도전을 맞게 되었다는 것이다. 바이옥스Vioxx 사태가 대표적 사례다. 바이옥스는 관절염 치료제로 허가를 받아 시판되었으나 이후 심혈관 쪽에 심각한 부작용을 일으킨다는 사실이 드러났다. 머크는 바이옥스로 인해 대규모 자진회수를 실행했고 집단소송에도 휩싸이게 되었다. 설상가상으로 인기제품들의 특허만료까지 겹쳤다. 연매출 수십억 달러짜리 제품들의 특허기간이 만료되면서 제네릭사들은 강한 도전을 시작했다.

이런 가운데 시장에서는 부작용이 상대적으로 낮고 제네릭에 대한 걱정이 덜한 바이오 제품들이 빛을 발하기 시작했다. 바이오 회사들도 상당한 매출과 이익률을 기록하면서 전통 제약 회사들과 어깨를 나란히 할 정도로 크게 성장하였다. 바이오기술은 재조명받게 되었고 그제야 비로소 제약 회사들은 바이오를 다시 평가하기 시작했다.

이제 세상은 바뀌었다. 오늘날 세계 10대 제약사들은 모두 하나같이 엄청난 프리미엄을 무릅쓰고 바이오 회사들을 인수하거나 로슈, BMS처럼 아예 바이오 회사로 천명하고 나서는 모습까지 보인다. 많은 제약 회사가 개발제품의 20~30%를 바이오 제품으로 채우는 추세다.

파괴적 기술로서 바이오기술은 크리스텐슨 교수의 정의와 일맥상통하는 부분이 있다. 기존 고객이 전혀 모르던 새로운 기술이라는 점과 화학제품과 비교할 때 성능이 다르다는 면이다. 또한 바이오산업은 벤처와 같이 작은 조직에서 시작되었으며 그간 학습과정과 실패를 거듭해온 것도 크리스텐슨 교수가 말하는 파괴적 기술로서의 특성이다.

이제는 바이오산업 내부에서도 파괴적 혁신이 관찰된다. 크리스텐슨 교수가 말하는 존속적 혁신sustainable innovation이 일반적이겠지만 이를 초월하는 파괴적 혁신은 계속 일어난다. 바이오산업이 기술집약적이며 신기술에 민감하기 때문이다.

한때 사이토카인Cytokine이라는 단백질군을 의약품으로 개발하려는 붐이 일어난 적이 있었다. 인터페론이나 인터류킨과 같은 면역조절인자들이 이에 포함된다. 그러나 동물실험이나 임상실험 결과가 좋지 않았

파괴적 기술의 대표적인 사례인
노보사의 인슐린 펜.

© Novo Nordisk A/S

다. 재조합 사이토카인의 주사는 오히려 면역체계에 혼란을 가중시켜 심각한 부작용을 초래했다. 사이토카인 자체는 의학자들이 기대했던 것만큼 큰 효과를 보지 못했다. 실제 시장에 나온 사이토카인류 제품은 손에 꼽을 정도다.

이때 떠오른 것이 '사이토카인에 붙는' 항체 치료제였다. 이들 항체는 사이토카인에 붙어 사이토카인의 활성을 저하시키는 방식으로 면역반응을 조절하였다. 면역반응을 억제하기 때문에 부작용이 훨씬 덜했고 임상실험 성공률도 높았다. 오늘날 바이오 의약품의 주류는 '항체'다.

크리스텐슨 교수가 그의 책에서도 지적했듯 인슐린 펜과 같은 약물 전달기술 또한 파괴적 혁신을 이뤘다. 기존의 주사기가 여러 모로 불편

했던 반면 펜 타입의 약물전달기구는 휴대가 용이하고 외출 중에도 주입이 간편하다. 또 카트리지를 이용하기 때문에 주사기를 채워야 하는 번거로움도 없으며 간편한 다이얼 조작으로 정확한 사용량을 주입할 수 있다. 최근에는 인슐린뿐만 아니라 류마티스 치료제에도 펜 타입 기구를 사용하고 있다. 애보트^{Abbott}의 제품 휴미라^{Humira}는 항TNF계 치료제 중 후발주자임에도 불구하고 가장 인기 있는 류마티스 치료제로 각광받고 있다. 2017년에도 항TNF계 치료제 중 최고의 매출을 기록할 것이라는 조사결과가 있다(2009년 데이터모니터). 이런 전망치가 나오게 된 것은 휴미라가 피하주사식 펜 타입으로 개발된 덕이다. 휴미라의 성공으로 다른 류마티스 치료제들도 모두 앞다투어 펜 타입으로 개발되고 있다.

바이오산업의 특성들

바이오 의약산업은 일반인의 눈에 띄는 산업이 아니다. 이 때문에 산업에 대한 이해가 쉽지 않다. 전자, 철강, 조선, 자동차산업만 하더라도 가시적 실물 덕에 산업을 이해하는 데 어려움이 없다. 하다못해 소프트웨어산업조차도 우리가 접하는 컴퓨터를 통해 매일 보고 느끼고 있다. 그러나 바이오 의약산업은 그렇지 않다. 일부 소수의 고객을 위한 제품이며 공공연하게 드러나지 않기 때문이다. 제품의 최종소비자라고 할 수 있는 환자조차도 자신이 무슨 약을 투여받는지 잘 모른다. 또 바이오 의약은 대부분 전문의약품이기 때문에 처방전 없이 구입하기 어려울 뿐더러 대부분 실온에서 안정성이 낮아 냉장보관을 하는 탓에 약국에 가도 진열대에 놓여져 있는 바이오 의약품은 없다. 바이오 의약품의 제조시설 또한 눈에 띌 정도로 규모가 크지 않다. 일반 제조산업과 비교해 많은 인원이 필요하지도 않다. 이러한 점은 바이오 의약산업만의 독특한 면모라고 할 수 있겠다.

바이오 의약산업은 고도의 지식집약적 산업이다. 따라서 인적자원과 무형의 자산, 즉 특허나 핵심기술의 비중이 크다. 이런 특성은 소프트웨어산업이나 영화산업과 유사하다. 유형자산에 익숙한 우리에게 높은 가치로 평가되는 무형자산은 흥미롭게 다가온다.

실제 예를 한 번 들어 보자. 1997년 미국 메사추세츠에 파일로스^{Phylos}라는 바이오 벤처가 설립된 적이 있었다. 이 회사는 프로퓨전^{PROFusion}이라는 기술을 개발하여 특허를 가지고 있었다. 이것은 항체와 비슷한 기능을 하는 트리넥틴^{Trinectin}이라고 명명한 분자를 만드는 기술이다. 그러나 파일로스는 제품개발을 진행하지 못하고 2005년 프로퓨전 기술을 컴파운드 세라퓨틱스$^{Compound\ Therapeutics}$라는 회사에 팔았다. 컴파운드 세라퓨틱스는 프로퓨전 기술을 좀 더 세련되게 포장했다. 이름도 에드넥틴^{Adnectin}으로 바꾸고 회사명도 에드넥서스^{Adnexus}로 변경하였다. 에드넥서스^{Adnexus}는 이 기술로 신약을 개발하여 임상실험에 돌입하였다. 이 제품은 BMS 등 여러 제약 회사들의 관심을 불러일으켰다. 그리고 2007년 BMS는 무려 5억 달러를 들여 에드넥서스를 인수했다. 그동안 서너 차례 여러 회사의 손을 거치면서 주인이 계속 바뀌어 왔다. 기술의 실체라고 해봤자 특허와 임상실험 결과자료, 허가자료 정도였다. 그러나 기술적 가치는 높게 평가되어 결국 상당한 프리미엄에 팔리게 된 것이다.

바이오 의약산업은 복합, 전문화된 산업으로 비즈니스 모델이 제약산업과 크게 다르지 않다. 오늘날 바이오 의약산업은 자동차산업이나 건설산업 못지않게 제품 개발이 복잡하고 다양한 단계로 구성되어 있다. 신약 후보물질 탐색부터 동물실험, 임상실험, 생산, 제제화, 포장과 허가를 받는 것까지 그 단계와 구조를 따져 보면 실로 엄청나다. 따라서 철저한 프로젝트 관리가 필요하다. 단계별로 리스크가 많이 도사리고 있어 제약업에 경험이 있는 인력이나 기관만이 관리를 할 수 있다. 오늘날 모든 단위 작업들과 과정들은 아웃소싱하는 추세다. 대부분의 단계를 아웃소싱하여 신약개발을 하는 것이다. 자금이 풍부하고 경험만 받쳐준다면 충분히 가능한 이야기다.

바이오 의약산업에 대해 가장 많이 알려져 있는 난제는 리스크가 크다는 것과 강력한 규제를 받는 사업이라는 것이다. 신약개발상 단계별로 리스크가 도사리고 있어 중간에 실패하는 제품들이 수두룩하다. 화학 의약품의 경우 만 가지 후보물질 중 임상실험에 끝까지 갈 수 있는 물질은 한 가지밖에 되지 않는다는 통계도 널리 알려져 있다. 하지만 최근에는 리스크 관리기법의 진보로 실패율이 낮아지고 있다. 바이오 의약의 특성에 맞춘 리스크 관리로 성공 확률이 높아진 것이다.

인체에 적용되는 제품인 만큼 제조와 임상실험과정은 규제를 받아야 한다. 허가과정도 까다롭기 그지없다. 규제는 점점 엄격해지고 있다. 이 점은 바이오 의약산업을 다른 제조업과 구분짓는 가장 중요한 특성이 다. 많은 경영학자가 바이오산업을 다른 제조업에 빗대어 설명하려 해도 쉽게 설명할 수 없는 이유가 규제와 허가 때문이다.

그렇다고 제약 회사가 언제나 불리한 위치에만 있는 것은 아니다. 규제나 가이드라인을 제안하고 만드는 데 결정적인 역할을 하는 것이 제약 회사들이기 때문이다. 허가기관 자체는 실무적인 경험이 없기 때문에 현실적인 지침을 만들기에는 자격이 부족하다. 따라서 이러한 지침들은 허가기관과 제약산업의 전문가들이 협력하여 완성한다. 그렇기에 규제를 단순히 부정적으로만 볼 것이 아니다. 규제를 만든 당사자가 자신이 진행해야 할 길을 막아 놓았을 리 없기 때문이다.

원정은 계속된다

이 책에서 기술한 바이오산업은 주로 단백질 의약, 백신 등 바이오 의약의 과거와 현재로 한정하였다. 향후 기대되는 유전자 치료와 줄기세포를 이용한 미래의 의학기술 등은 아쉽지만 다음 기회로 미뤄야 하겠다. 유전자 치료는 아직 '기술'로서의 의미가 강하고 산업으로 평가되기에는 이른 감이 있다. 현재 전 세계 허가를 받은 제품은 중국의 젠디신Gendicine이라는 p53유전자를 통한 종양 치료제가 유일하다. 하지만 미래의 의약산업을 가늠해 볼 때 유전자 치료만큼 무궁무진한 가능성을 가진 분야도 없을 것이다.

줄기세포를 이용한 치료 또한 아직은 초기단계다. 정확한 줄기세포 치료는 아니지만 최근 미국의 바이오 회사 덴드리온Dendreon에서 개발한 프로벤지Provenge가 FDA 최종허가를 받은 것을 보면 앞으로 줄기세포를 이용한 치료가 선보일 날도 머지않은 것 같다. 새로운 개념의 기술이 계속되어 출현할 것이며 바이오 의약도 이에 따라 점진적으로 진화할 것이다.

유전자 치료기술과 줄기세포 치료기술이 산업화되기 위해서는 두 가지가 반드시 필요하다.

첫째, 제조법과 품질에 대한 검증validation 체계가 잘 정립되어야 한다. 아무리 임상실험에 좋은 결과를 보였다고 해도 제품으로 생산과 품질에 대해 확실히 검증할 수 있는 체계가 세워지지 않는다면 허가받기는 어려울 것이다. 새로운 기술일수록 이 부분을 정립하기가 힘들다. 많은 경험과 시행착오를 거쳐야 하는 부분이 검증과 허가과정이다.

둘째, 비즈니스 모델이다. 덴드리온의 프로벤지를 통해 다시 한 번 확인할 수 있었지만 유전자 치료사업이나 줄기세포 치료사업 모두 비즈니스 모델의 검증이 중요하다. 프로벤지는 추가의 임상실험을 통해 전립선암에 대한 생존률을 재입증함으로써 FDA로부터 최종 판매승인을 받았다. 그러나 비즈니스 모델에 대한 검증은 이제부터다. 특히 공급망supply chain과 물류logistics 부분은 이전에 제약산업에서 볼 수 없었던 새로운 모델이며 일인당 치료비도 만만치 않은 부분이다. 앞으로 시장에서 어떻게 받아들여질지 지켜봐야 할 것이다.

바이오산업은 매우 빠르게 진화하고 있다. 아직까지 블루오션으로 인식되고 있는 단백질 치료제도 언젠가는 다른 방식의 치료법으로 대체될 수 있다. 다음 세대의 파괴적 기술들이 곧 치고 올라올 것이다. 그런 의미에서 우리의 바이오산업 원정은 끝나지 않았다. 계속되어야 한다.

바이오산업이 반도체, 자동차, 조선의 뒤를 이어 대한민국의 캐시카우Cash Cow가 될 날을 기대한다. 그리고 반도체가 그랬듯 세계를 선도하는 그날을 꿈꾸어 본다.

제1일

백혈구 성분채집(leukapheresis)
백혈구를 추출하고 혈장은 환자에게 다시 돌려줌

제2-3일

프로벤지(Provenge) 생산
항원전달세포(APC)를 환자의 백혈구 중에서 골라
냄. 항원전달세포를 40시간 동안 항원에 노출

제3-4일

환자에게 주입
전문의에 의해 프로벤지를 정맥주사
* 치료는 3회 반복으로 완료

BIO TECHNOLOGY

프로벤지를
이용한
항암 치료
과정

프로벤지는 일종의 암백신이다. 기존의 경우 백신을 체내에 주사하여 면역반응을 일으켰으나 프로벤지는 반대로 면역세포를 몸 밖으로 꺼내어 시험관 내에서 백신과 면역반응을 일으킨다. 면역세포들은 시험관 내에서 일종의 훈련을 거쳐 암세포에 대항해 싸울 수 있도록 교육을 받는 것이다. 그 후 세포들은 다시 몸 속으로 돌려 보내진다. 몸으로 돌아간 면역세포는 자신의 적이 누구인지를 분명하게 파악하게 되어 암세포를 더욱 효율적으로 공격한다.

제2장

바이오산업의
인적자원

Bioindustry

바이오업계의
우수 인력

연구원의 길, 관리자의 길

입사면접 때 제이를 처음 보고 그를 '키 큰 멜깁슨'이라고 생각했다. 그는 미남 아저씨였다. 게다가 나의 세미나 발표를 듣고 해박한 지식으로 코멘트를 주는가 하면 국가에서 이런 연구에 돈을 투자해야 한다고 농담 반 진담 반으로 주장하며 기분을 띄워주는 매너까지 있었다. 내 눈에 그는 분명 엄친아저씨(?)였다. 세계 3대 제약사인 글락소스미스클라인GSK에서 온 그는 20년 가까이 연구실 생활을 해온 과학자였다. 그가 그렇게 오랜 경력을 가지고 있는지 처음에는 몰랐다. 아직도 새로운 기술에 얼마나 민감하며 방대한 지식을 섭렵하고 있는지 가끔 놀란다. 다른 직원들과 달리 그는 50대가 넘은 나이에도 계속 실험실을 지키고 있다. 그는 그것을 즐겼다. 그는 관리자의 길을 거부하였고 연구원의 길을 걷길 원했다.

렙은 나의 상사 중 한 사람으로 제이와는 다른 스타일의 인물이다. 그는 해군사관학교 출신으로 과거 해군제독을 꿈꾸던 사관후보생이었다. 그러나 허리를 다쳐 학교를 그만두면서 일반대학교에 편입하여 분석화학을 전공하고 과학자의 길을 걷게 되었다. 그와 대화하다 보면 어딘가 모르게 장교를 대하는 것 같은 딱딱함과 절도가 느껴진다. 게다가 그는 약간의 권위를 강조하며 야망도 가지고 있다. 그는 분명히 관리자의 길을 가는 사람이다.

바이오산업을 미래의 신성장동력으로 놓고 본다면 '인적 자원' 문제는 반드시 염두에 두어야 할 구조적인 부분이다. 지금까지 바이오산업의 기업, 제품, 비즈니스전략, 연구개발, 생산, 고객(환자), 사회적 문제 등을 보았다면, 여기서는 바이오산업에서의 인적자원 즉, 우수 인력에 대해서 생각해보고 싶다.

위의 두 사람처럼 바이오 회사에서는 커리어상 두 가지 길이 있다. 연구직으로 자리를 굳혀서 그곳에 남든지 관리자가 되어 회사를 이끌어 가는 것이다. 바이오 회사에는 전반적으로 연구기술직이 가장 많다. 한국에서는 대부분 시간이 지나면 직급이 올라가고 관리직을 맡는 것과 달리 미국에서는 전문가 또는 스페셜리스트로 남는 것이 가능하다. 연구직에 남는 것이 좋은지 관리직을 맡아 장차 사장이 되는 것이 좋은지는 사람마다 취향이 다르다. 어쨌든 이러한 커리어의 다양성이 인정되는 것은 다행스럽다.

엄청난 인력 풀pool

미국에는 다양한 인력이 엄청나게 많고 커리어 관리를 매우 세부적으로 한다. 그래서 기업들은 채용 시 최적임자를 찾을 수 있다. 예를 들어 의약품 정제에 쓰이는 특정한 설비와 기기를 10년간 써본 전문가를 찾는다고 하자. 아주 세부적인 내용으로 공고를 내도 자격요건을 충족하는 사람이 수두룩하게 나타난다. 인력시장이 큰 것이다. 원하는 사람을 뽑을 수 있다는 말이 무슨 뜻인지 여기에 와서 이해할 수 있었다. 이런 상황은 고위 임원급의 인력, 최고경영자급의 인력을 찾을 때 더욱 빛을 발한다. 그야말로 '헤드헌팅'이라는 말이 딱 들어맞는다.

한때 'S급 인력'을 '빌게이츠와 같은 인력', '한 사람이 10만 명을 먹여살릴 수 있는 우수인력'이라고 상징적으로 이해한 적이 있었다. 그러나 나는 미국에 와서야 S급 인력의 정의를 제대로 이해했다. 슈퍼급 인력은 정말로 존재했다. 이들 '고수'들은 단순히 화려한 스펙과 뛰어난 실무능력만을 가지고 있는 게 아니었다. 언변과 노련함, 그리고 가장 중요한 고급 인맥이라는 '내공'을 지니고 있었다.

우리나라에도 S급 인력을 채용한다고 떠들썩했던 적이 있었다. 삼성을 비롯한 대기업들이 마치 유행처럼 너도나도 우수인력(대부분 임원급)을 확보한다고 난리였다. 성숙하지 못한 기업문화로 인해 한때 소란으로 지나가고 말았지만 우리는 많은 것을 배울 수 있었다.

인력을 채용한다는 것도 쉬운 일이 아니지만 나보다 높은 급의 리더를 모시는 것은 더더욱 쉬운 일이 아니었다. 한국같이 좁은 나라에서 리더급을 모시려고 명단을 짜보면 다들 훤히 아는 사람이었다. 신규사업 쪽에는 국내에 경험이 많은 인재가 부족하여 해외로 눈을 돌렸지만 예전에만 해도 외국인 채용은 상상도 할 수 없었다. 말로는 글로벌 기업이 되겠다고 했지만 이를 실행에 옮기기가 쉽지 않았다. 어쩔 수 없이 한국인을 채용해야 하는데 이는 또 다른 한계에 부딪히는 것이었다.

그래서인지 과거 임원급 채용을 보면 그리 성공적인 경우가 많지 않다. 신규사업을 위해 책임자를 학계에서 모셔온 경우도 있었고, 미국에서 활동한다는 이유만으로 뽑았으나 실상 기대했던 수준에 전혀 미치지 못하는 인물이라는 것을 뒤늦게 깨닫기도 했다. 바이오 같은 신규사업 분야일수록 성공적인 채용이 어려웠다.

해외에서 뛰어난 경력을 가진 한국인을 뽑아 한국에 데리고 왔지만 한국식 권위주의 때문에 실패한 경우도 많았다. 아직도 군대식 조직문화가 자리 잡고 있는 한국 기업 내에서 자유로운 사고를 하는 사람이 적응하기 어려운 것은 당연했다. 우리나라는 매년 조사 때마다 OECD 가입국가 중 평균 노동시간이 가장 많다. 이를 자랑스럽게 보는 우수인력은 별로 없을 것이다.

스피치의 달인들

CEO들은 말을 참 잘한다. '프레젠테이션'을 못하는 CEO가 어디 있느냐 하겠지만 여기서 말하는 '말'은 프레젠테이션이라는 개념보다 좀 더 즉흥적이고 자연스러운 '한마디'라는 개념에 가깝다. 이들은 공식적인 중요한 연설도 '즉흥적인 것처럼' 자연스럽게 한다. 물론 사전에 엄청난 준비를 할 것이다. 어쨌든 많은 사람 앞에서 발표를 하는 것이 쉬운 일은 아니다. 그럼에도 불구하고 그들은 적당한 농담을 섞어 관중의 호응을 맞춰 가면서, 핵심을 찔러 가면서 재미있게 이야기를 이끌어 간다.

요즘 한국에도 스피치에 대한 관심이 보통이 아니다. 예전에 말단사원이 회장님의 연설을 듣는 것은 신입사원 때 연수원에서나 창사기념일 행사에서나 겨우 가능했다. 큰 기업일수록 사원들은 회장이나 윗사람들을 보기가 어려웠다. 하지만 미디어기술이 발달하면서 요즘은 많은 회사가 아침에 회사뉴스를 방청하면서 회장님 목소리를 듣는다. 그런데 내 기억에 한국에서 사장님이나 임원들의 말주변이 대단했던 적은 별로 없었다. 그래서 말할 일이 있을 때는 인사팀장이나 홍보팀장이 나와서 대신하는 경우가 많았다.

미국 회사들의 CEO나 임원들의 '입담'은 내가 알던 한국의 인사팀장, 홍보팀장을 능가한다. 연말 실적보고 때에도 사장이 나와서 한마디 하고 자연스럽게 회장에게 넘겨서 한마디 하고 그 다음에는 부회장이 나와서 얘기를 한다. 나오는 사람마다 말이 청산유수다. 그리고 마지막에는 사원들로부터 질문까지 받는다. 가끔 당황스러운 질문이 나오면 그들의 '말주변'은 더욱 빛을 발한다. 역시 매니저로 발탁되는 사람들은 모두 프레젠테이션은 기본이고 말을 잘한다. 이제 리더십에 있어서 '말주변'은 필수적인 스킬이다.

인맥(인적 네트워크)

S급 인력의 필수조건은 무엇일까? 가장 중요한 판단요소는 무엇일까? 만약 내게 묻는다면 나는 주저하지 않고 '인맥'이라고 말할 것이다. 인맥, 즉 인적 네트워크는 말할 나위 없이 최고의 빛나는 자산이다. 아무나 가질 수 없고 절대로 짧은 시간에 만들어질 수도 없다. 전문기술이나 실력만으로 쌓을 수 있는 것도 아니다. 여기서 말하는 인맥은 글로

벌 시장 또는 그에 상응하는 미국과 같은 큰 시장에서의 고급 인맥이
다. 일종의 카르텔 멤버십을 가지고 있는 인물이라고나 할까. 슈퍼급 인
력은 큰물에서 놀았던 사람으로 수준 높은 인맥을 형성한 사람이다.

바이오처럼 비교적 새로운 산업의 경우 인맥의 중요성이 더욱 크게
작용한다. 인맥으로 우수한 인력을 뽑고 인맥으로 다른 사람의 경험을
취한다. 그리고 무엇보다 인맥으로 투자자본을 끌어올 수 있다. 작은 회
사일수록, 새로운 아이템을 내놓는 경우일수록 인맥의 힘은 더 크게 느
껴진다. 영국의 바이오 창업자이자 벤처캐피탈리스트인 크리스 에반스
Chris Evans는 캠브리지대학을 기반으로 인맥을 형성하여 바이오 회사를
창업해 왔다. 이런 방식으로 그는 45개 회사의 창업에 직간접적으로 관
여했다. 그가 창업한 회사는 다른 회사의 창업을 도울 뿐 아니라 제휴
를 통한 비즈니스까지 펼쳤다.

영국에 크리스 에반스가 있다면 미국에는 페트릭 게이지Patrick Gage 박
사가 있다. 바이오 '왕발'이라고 할 만큼 동서부를 막론하고 영향력을
행사하는 게이지 박사도 과학자 출신 CEO이자 자본가다. 그는 MIT를
거쳐 시카고대학에서 박사학위를 취득하였으며 로슈에서 근무하다가
제네틱스 인스티튜트GI, Genetics Institute라는 바이오 회사를 이끌었다. GI가
와이어스에 합병되면서 그는 와이어스의 연구개발총괄 사장으로 재직
하였다. 훗날 그는 바이오 창업에 투신하여 여러 바이오 벤처의 CEO
또는 이사회에 참여하게 된다. 과거 에드넥서스Adnexus, 니오스Neose, 항체

기술로 유명한 PDL의 CEO였고 현재는 엑셀레론^Acceleron, 사이토카이테틱스^Cytokinetics 등 5개의 신생 바이오 회사의 이사회장 또는 이사직을 맡고 있다. 그는 바이오계에 자신이 형성하고 있는 인맥을 활용하여 새로운 아이템을 발굴하고 인수하며 신생 바이오 회사들을 이끌고 있다. 그의 신용과 명성 덕에 많은 벤처캐피탈리스트들이 돈가방을 들고 그의 뒤를 따른다. 그의 손을 거친 회사들은 대부분 대형 제약사가 군침을 흘릴 만큼 매력적인 모습으로 성장해 왔고 대부분 높은 프리미엄에 인수되었다. 그렇기에 아직도 많은 신생 벤처들은 그를 자신의 회사 이사회에 끌어들이기 위해 노력한다.

나의
바이오기업 도전열전

숱하게 보낸 입사지원서

미국에서의 첫 채용면접을 가는길. 나는 승객이 얼마 되지 않는 작은 비행기에 올라타. 석양이 지는 비행기 창밖을 바라보며 나는 지난 2년 반이라는 짧지 않은 시간을 돌아봤다.

바이오산업계에서 백의종군할 마음을 먹고 무작정 아내를 데리고 미국으로 건너왔다. 나를 기다리는 것은 대학원생활에 못지않은 포닥 (post-doc, 박사 후 연수)생활이었다. 내가 마음을 단단히 먹지 못했던 걸까. 포닥을 하며 별 의미를 찾지 못했다. 한때 바이오사업 기획자를 꿈꾸던 나로서는 어서 현장으로 들어가고 싶었다. 교수도 학생도 아닌 신분으로 나는 때가 오기만을 기다렸다.

숱하게 많은 입사지원서를 꾸준히 보냈다. 하지만 연락이 오는 회사는 드물었다. 연구용 시약 회사로 유명한 시그마^{Sigma}에서 연락이 왔었다. 전화인터뷰를 했지만 대화는 '버벅거림'의 연속이었다. 예상치 못했던 다양한 면접질문에 답하기에는 경험이 너무나 부족했다. 역시나 그후 시그마에서는 연락이 없었다. 낙심에 빠져 있던 때에 이메일 하나가 왔다. 카밀라라는 사람이 보낸 '앰젠 채용 관련'이라는 제목의 메일로 전화면접을 하고 싶다는 내용이었다.

앰젠^{Amgen}이라고? 나는 내 눈을 의심했다. 당시 앰젠은 미국 동부 로드아일랜드주에 대규모 시설을 막 완공한 상태였다. 이 시설은 원래 이뮤넥스^{Immunex}가 류마티스 치료제 엔브렐을 생산하기 위해 짓기 시작했는데 앰젠이 이뮤넥스를 인수하고 공사를 마무리한 것이다. 이 시설은 미국 내에서 가장 큰 바이오 의약품 생산공장 중 하나였다. 앰젠은 이 대규모 시설을 채우기 위한 인력을 모집하고 있었다.

나는 최대한 공손한 문체(?)로 이메일을 보내 적절한 면접시간을 알려주었다. 물론 면접날은 최대한 늦게 잡았다. 버벅거리지 않으려면 연습을 해야 했다. 몇 날 며칠 동안 전화인터뷰를 준비했다.

면접날 아침, 잠 못들고 뒤척이다가 겨우 눈을 붙였더니 정신이 멍했다. 준비해 왔던 자료를 모두 책상에 깔아놓고 전화를 기다렸다. 정확히 면접 시간이 되자 전화벨이 울렸다. 가라앉은 목소리를 가다듬고 밝은 목소리로 인사했다. 채용매니저는 나의 과거 경력과 분석기기에 대한 지식을 물었다. 그리고 앰젠의 현재 상황을 설명했다. 그쪽에서 사람을 필요로 한다는 것을 느낄 수 있었다. 면접을 마치고 전화를 끊었다. 강한 확신이 느껴졌다. 이번에는 정말 될 것 같다! 나는 세상을 다 얻은 사람처럼 환희에 가득 찼다. 딸아이를 얼싸안고 뒹굴며 그렇게 일주일을 보냈다.

일주일이 지나자 점점 조바심이 나기 시작했다. 연락이 오지 않았다. '확신'은 고사하고 이제는 하루하루 피가 말라가는 것 같았다. 그때 앰젠으로부터 연락이 왔다. 드류라는 인사팀 채용담당자였다.

"혹시 노동허가서가 있으신가요?"

"네? 그런 거 없는데요."

"그럼, 좀 어렵겠는데요. 나중에 다시 연락드리겠습니다."

허무하게 끝난 한 통의 전화였다. 그 후 연락은 없었다.

쓸모 없는 자로 버림받은 것 같은 느낌이 들었다. 며칠을 우울함 속에서 지냈다.

얼어붙은 시라큐스의 뜨거운 채용면접

그러던 어느 날 난데없이 미국 제약 회사 중 하나인 BMS의 채용담당자라며 스티브라는 사람이 전화를 했다. 이력서를 보내달라는 요청이었다. 스티브는 인터넷 채용사이트에서 나에 대한 정보를 보고 연락한 것이었다. 너무나 반가운 마음에 바로 이력서를 보내주었다. 그 후 스티브는 이메일을 자주 보냈다. 모든 과정이 빠르게 진행됐다. 며칠 지나지 않아 채용매니저라고 하는 데이빗으로부터 연락이 왔다. 그는 나의 전문 분야인 탄수화물 구조분석에 대해 큰 관심을 보였다.

"내가 보기에 당신은 이 분야에 아주 강한 백그라운드를 보유하고 있는 것 같습니다……."

그는 이런저런 문제가 있는데 해결할 수 있을지 나의 생각을 물었다. 나는 아는 대로, 경험한 대로 대답했다. 괜찮은 느낌을 받았는지 데이빗은 곧 채용인터뷰 날짜를 잡겠다며 전화를 끊었다. 모든 일이 갑작스럽게 진행되어 어안이 벙벙했다. 기분은 좋은데 이게 꿈인지 생시인지 알 수가 없었다.

미국에서의 첫 채용면접은 아직도 그 느낌이 생생하게 남아 있을 정도로 인상적이었다. 채용하려는 회사 측의 배려와 노력이 묻어나는 이벤트였다. 공항에 도착하자마자 예약된 택시가 나를 호텔로 바래다 주었다. 한겨울로 접어든 시라큐스는 이미 눈으로 뒤덮혀 있었다. 눈이 내린 저녁풍경으로는 이 동네가 도대체 어딘지 알 수가 없었다. 호텔에 들어와 면접 시 발표할 세미나 자료를 들여다보다가 잠자리에 들었다.

아침에도 회사 측에서 미리 예약해둔 택시를 타고 사업장으로 향했다. BMS에 도착해서 늘 전화로만 이야기를 나누었던 인사팀의 스티브를 처음 만났다. 그동안 친절하게 대해준 그가 정말 반가웠다. 따뜻하게 나를 맞아준 스티브는 앞으로 전개될 면접과정과 현재 진행되고 있는 신약개발 프로젝트에 대해 설명해주었다.

회사에서 처음 소개받은 사람은 인사팀 디렉터인 샐리였다. 한국으로 치면 인사팀장 정도의 직급이었다. 50대의 단아한 커리어우먼인 샐리는 최근 한국인들과 비즈니스를 해본 경험이 있어서인지 허리를 굽혀 한국식으로 인사했다. 한국의 셀트리온이라는 위탁생산업체에 BMS가 수주를 주면서 비즈니스 관계가 있었던 것이다. 그녀는 면접이 시작되자 내가 긴장하지 않도록 배려했다.

"먼저 자신에 대해서 소개를 해주시겠습니까?"

그녀는 충분히 표현하고 설명할 시간을 주면서 질문에 대한 답을 이끌어냈다. 짧지 않은 시간이었지만 시종 편하게 답할 수 있었다.

첫 번째 면접을 끝내고 나를 채용하게 될 매니저(상사)를 만났다. 데이빗은 아주 심각(?)해 보이는 중년 아저씨였다. 샐리와는 다르게 잘 웃지도 않았고 너무 진지했고 나보다도 더 긴장한 듯 보였다. 그는 나에게 별 질문을 하지도 않고 단도직입적으로 현재 진행되는 프로젝트와 개발과정을 설명해주었다. 당시 신약 오렌시아가 마지막 허가단계에 있었다. BMS가 자체개발한 첫 바이오 의약품이 될 것이라고 했다. 그리고 앞으로 BMS의 바이오 의약사업의 성장과 전망에 대한 낙관적인 얘기도 곁들였다. 그는 앞으로 면접을 진행할 사람들의 스타일까지도 알려주었다. 내가 임원 면접을 무사히 통과하길 바라는 그의 마음이 느꺼졌다.

이야기가 끝나자마자 우리는 세미나실로 갔다. 발표자료를 준비하고 있는데 연구원들이 들어왔다. 나는 용기를 내어 들어오는 사람들 한 사람 한 사람씩 악수를 청하고 나를 소개했다. 아마 이런 우호적인 모습도 좋은 인상을 준 것 같다. 나는 바이오 의약품에서 탄수화물(당쇄)의 구조분석에 대한 케이스 스터디를 발표하였다. 지난날 내가 박사과정 중에 연구했던 내용과 일본에서 진행했던 연구 내용이었다. 연구에 사용된 시료가 특이하게도 뇌(신경)조직이었고 노화연구에 관련된 내용이 섞여 있었기 때문에 연구원들은 꽤 흥미로워했다. 젊은 쥐와 늙은 쥐의 뇌를 통해 탄수화물의 구조적 차이를 보여주자 그들은 많은 질문을 쏟아냈다. 지금까지 이렇게 유쾌하게 세미나를 진행했던 적이 없다고 할 정도로 큰 호응을 얻었다.

세미나 이후 점심식사를 하고 면접은 계속되었다. 향후 같이 일을 하게 될 사람들과의 일대일 면접이었다. 고위 간부급들도 있었고 동료가 될 사람들도 있었다. 대부분 새롭게 입사한 사람들이었기 때문에 나를 보면서 얼마 전의 자신들의 모습이 생각나는지 모두들 친절하게 대해 주었다. 세미나에 참석했던 인원을 제외하더라도 총 11명과의 면접이었다. 온종일 진행된 인터뷰를 끝내자 기진맥진했다. 마지막으로 스티브와 면접과정을 마무리했다. 이렇게 1박 2일의 현장면접이 끝났다.

면접을 끝내고 온 다음날 바로 스티브로부터 연락이 왔다. 채용이 결정됐다는 소식이었다. 나는 아내와 얼싸안고 좋아했다. 그러나 그 다음이 문제였다. 나는 BMS에서 일할 수 있는 노동허가가 주어진 비자를 가지고 있지 않았다. 앰젠 때의 일이 떠올라 기쁨은 일순간에 우려로 변했다. 그러나 스티브는 나를 위로하며 변호사를 선임해서 가능하게 하겠다고 용기를 주었다.

며칠 후 나는 회사에서 선임한 변호사를 통해 지침을 듣고 비자수속에 대한 작업에 들어갔다. 학위 관련 서류는 물론이고 연구논문, 특허, 저서 등 경력을 증명할 서류를 준비했다. 또 나를 아는 8명의 교수님과 기업체에 계신 분들로부터 추천서를 받았다. 이를 모두 마련하는 데는 꼬박 4개월이 걸렸다. 우여곡절 끝에 나는 비자를 취득할 수 있었다.

시라큐스로의 이주를 위해 회사는 나에게 이주 관련 용역업체를 연결시켜주었다. 이 업체는 현재 살고 있는 집을 처분하고 새로 이사할 지역에 집을 구입해주는 것은 물론이며 이사에 관련한 모든 잔무를 맡아 처리해주는 회사였다. 또 가족과 함께 새로 이사할 곳을 미리 둘러볼 수 있는 기회도 제공해주었다. 물론 비용은 모두 회사가 부담했다. 나는 아내와 아이를 데리고 시라큐스로 가서 이틀간 지역을 둘러보며 사전답사를 했다. 짧은 시간이었지만 '원거리 이주'라는 부담을 많이 덜 수 있었다.

지금까지 이야기한 나의 미국 회사 취업기는 취업과정의 일반적인 예라고 말할 수는 없다. 나는 외국인으로 미국 회사에 취업한 경우이므로 미국인일 경우 과정이 다를 수 있다. 특히 노동허가라는 법적인 부분은 외국인에만 해당된다. 그밖에 연구원과 사무원의 채용도 차이가 있을 것이다. 예를 들어 미국에서 MBA를 공부하고 취업하는 경우는 당연히 내 경우와는 다르다. 그러나 미국인과 외국인을 막론하고 동일한 부분이 있다면 아마도 구직자가 겪어야 하는 험난한 심적 과정일 것이다. 어떤 구직자라도 예외 없이 누구나 거쳐야 하는 단계다.

미국 바이오 회사에
들어간다는 것

미국 바이오업계에 진출하다

"저희 회사에 지원하신 것에 깊이 감사드립니다. 귀하는 훌륭한 자격요
건을 가지고 계십니다만 저희는 응시자 중 자격요건에 좀 더 적합한 분
에게 기회를 드리기로 결정하였습니다. 하지만 앞으로도 계속적인 관
심과 응시를 부탁드립니다."

　웬일로 내게 연락이 왔을까 설레는 마음에 이메일을 열어 보지만 이
런 거절답장은 응시자들을 힘 빠지게 한다.

　미국 바이오 회사들은 인력을 어떻게 채용할까? 특히 한국에서 태어

나고 자라 공부하고 졸업한 사람이 직접 미국 회사에 지원하여 채용될 수 있을까 하는 의문을 가지고 있는 사람들이 있다. 나는 가능하다고 본다. 나를 포함하여 실제로 성공한 예를 많이 봐왔다. 물론 쉽지는 않다. 하지만 한 번 도전해볼 만한 목표다. 나는 될 수 있으면 많은 한국의 젊은이들이 미국의 바이오업계에 진출하길 바란다. 그것이 한국의 바이오산업이 살 수 있는 기회다. 세계적인 바이오업체에서 경험을 쌓은 한국인들이 많이 나와야 한다.

이것을 '브레인 드레인(우수한 기술과 자격을 갖춘 이들이 더 나은 보수와 근무 조건을 찾아 다른 나라로 빠져나가는 것)'으로 취급해서는 안 된다. 그것은 어디까지나 근시안적인 생각일 뿐이다. 물론 나갔던 모두가 돌아올 리는 만무하다. 그러나 일부라도 다시 조국으로 돌아와 바이오업계에 기여한다면 한국의 바이오 수준이 올라갈 수 있다. 운동선수들도 해외에 진출하기 위해 기를 쓴다. 축구 같은 경우는 해외파 덕분에 월드컵 4강까지 올라갔다고 할 수 있다. 그렇다면 바이오산업계도 그럴 필요가 있지 않을까?

무모한 도전을 하지 않으려면 미국의 취업사정을 잘 알아야 한다. 여기에서 설명하는 바이오 회사의 채용은 여느 미국 기업의 채용 방식과 크게 다르지 않다. 다만 나는 기술직을 중심으로 설명하려고 한다.

미국 바이오, 제약 회사는 채용 방식에 있어서 한국의 제약 회사들과 많은 차이가 있다. 먼저 규모만 봐도 그렇다. 한국에는 바이오, 제약 회사의 수가 적고 회사 규모가 작으며 미국만큼 고도로 전문화, 세분화되어 있지 않다. 한국에서는 지원하는 전문인력 또한 수적으로 제한되어 있으며 전공이 다양하지 않아 그 업무에 대략 맞는다 싶으면 채용하는 경향이 있다. 그에 비해 미국은 구직, 구인 시장이 세계에서 가장 크고 엄청난 규모이므로 채용 방식이 분야별로 다양하고 선별적으로 진행된다. 지원자는 자신의 전공 분야에 딱 맞는 자리를 찾을 수 있으며 고용자는 정확히 원하는 스펙의 사람을 찾을 수 있다. 따라서 평가 방식도 차이가 있으며 채용과정도 다르다.

그러나 무엇보다 인력을 구체적으로 어떻게 뽑는지 알기 위해서는 회사의 구조와 업무를 알아야 한다. 바이오 회사의 경우 의약품 개발, 판매가 주된 비즈니스이므로 그 구조는 일반 제약 회사와 거의 비슷하다. 큰 덩어리로 나누어 보자면 기초연구 부문, 독성학 부문, 전임상 부문, 임상 부문, 허가 부문, 그리고 약품제조 부문으로 나눌 수 있다. 제조 부문만 보더라도 생산연구, 분석연구, 품질관리, 시료생산, 상업생산, 제제화·포장 등 엄청나게 복잡하다.

지원할 때 가장 흔히 볼 수 있는 오류가 업무를 이해하지 못해 엉뚱한 자리에 지원서를 넣는 것이다. 직무설명을 읽어 보면 자세한 내용이 나와 있지만 여기에 담긴 의미들과 용어를 이해하지 못하면 계속 엉뚱한 자리에 지원서를 넣게 된다. 학교를 막 졸업한 학생들이 이런 실수를 많이 범하는 이유는 기업체 경력이 없어 직무를 잘 이해하지 못하기 때문이다. 그만큼 세분화되어 있고 복잡하다.

극단적인 예를 들자면 고용자는 특정 기술에 대한 전문가를 원하는

데 지원자는 그 기술에 대해 학교에서 수업을 들어본 적이 있다는 이유만으로 자랑스럽게 지원하는 경우가 허다하다. 사실 웬만한 경력을 가진 사람이 아니면 인사팀에서는 연락을 하지도 않는다.

고용시장의 전체적인 불황에도 불구하고 미국에서는 많은 외국인들이 취업을 하고 있다. 비자문제만 없다면 외국인들의 채용도 전혀 불리한 점이 없다. 능력만 있다면 채용을 하기 때문이다.

중국계와 인도계가 월등히 많으며 그에 비해 일본이나 한국 출신은 그렇게 많지 않다. 중국계 인력들은 대개 유학을 와서 자리를 잡으면 대단히 부지런하게 일한다. 열심히 하는 만큼 미국인들을 앞지르는 뛰어난 성과를 올리기도 한다. 그러나 대부분 커뮤니케이션의 문제로 리더로 발탁되지 못한다. 쉽게 이야기하면 영어를 잘 못해서 전문기술직에서 머무는 경우가 많다. 하지만 중국계 사람들 중에는 대체불가한 독보적인 기술을 지니고 있는 경우가 많아 무시할 수 없는 인력들이다. 또 중국인들은 어디에든 많이 분포되어 있기 때문에 그 네트워크를 이용하여 채용기회를 많이 얻는 편이다.

채용정보 얻기

채용을 위해 취하는 첫 번째 액션이다. 채용정보는 어디서나 마찬가지로 인터넷을 통해 가장 활발하게 교류되며 특히 IT나 바이오 분야는 더욱 그렇다. 대학의 경우 채용설명회를 통해 즉석 면접을 보기도 한다. 또한 인맥을 통해 채용정보를 얻기도 하지만 인터넷의 구직사이트처럼 폭넓을 수는 없다. 구직사이트에서 검색을 할 때에는 자신의 분야에 따라 선별한 검색단어를 넣되 가능한 다양한 단어를 사용하도록 한다. 특히 바이오사에 지원을 한다면 전문용어를 사용할수록 검색이 효과적으로 이루어진다.

대부분 바이오 회사는 자사 웹사이트에 링크된 사내 채용사이트를 가지고 있다. 그리고 공식적으로는 이 사이트를 이용하여 응시하게끔 한다. 바이오 회사를 포함하여 대부분의 미국 회사들은 채용을 위해 직무설명을 무척 자세히 기술한다. 따라서 한 단어 한 단어 짚어가면서 무엇을 의미하는지 채용자의 의도를 파악해야 한다. 이렇게 채용정보 검색을 계속하다 보면 나중에는 거의 취미생활이 되는 경우도 허다하다. 또한 다양한 사이트를 열심히 뒤지다 보면 헤드헌터를 능가할 정도의 정보력이 축적되기도 한다. 채용정보 검색에는 특별한 비법이 없다. 시간을 투자하는 만큼 성과를 얻는다.

커버레터Cover letter와 이력서Resume

채용에 응시할 때 반드시 필요한 두 가지 자료가 있는데 그것은 자기소개서와 이력서다.

'자기소개서'라고 할 수 있는 커버레터에는 응시경위, 자기소개, 업무에 대한 관심 등이 기술되어야 한다. 특히 자기소개서는 리쿠르터(채용자)가 가장 효과적으로 활용하는 도구다. 따라서 응시생들은 자기소개서를 잘 쓰기 위해 갖은 노력을 쏟는다.

서류심사에서 탈락하지 않으려면 자기소개서가 일단 눈에 띄어야 한다. 일반적으로 커버레터를 읽는 리쿠르터의 태도는 한마디로 '나를 한번 놀라게 해봐surprise me'이다. 따라서 첫 문장은 대단히 중요하다. 절대 밋밋해서는 안 되며 반드시 감동을 줄 수 있어야 한다. 그렇다 할만한 경력이 없고 명문대학을 나오지 않았는데도 리쿠르터를 놀라게 할 수 있을까? 얼마든지 가능하다. 자신의 장점을 최대한으로 나열하고 핵심을 멋진 표현으로 포장하면, 읽는 사람이 자리에서 놀라 자빠질 정도는 아니어도 최소한 진한 감동은 줄 수 있다. 그렇다고 무조건 튀는 것이 좋다는 말은 아니다. 읽는 이가 능력을 수긍할 수 있을 정도로 설득력 있는 글이어야 한다. 서너 문장으로 자신을 소개한 다음, 자신이 그 자리에 적임자라는 것을 모든 아이디어를 동원하여 설득해야 한다.

경영학석사과정^{MBA}에서는 입학하면 첫 학기부터 이력서를 쓴다. 개인적으로 나는 대학에 입학하면서부터 이력서를 쓰기 시작해야 한다고 생각한다. 이력서는 분량으로만 보면 앉은 자리에서 한두 시간 안에 쓸 수 있을 것 같지만 내용과 표현방식을 연구하여 제대로 된 작품이 나오기까지 상당한 시간이 걸린다. 나 역시 벌써 몇 년째 이력서를 고치고 다시 쓰면서 새 내용을 추가하는지 모르겠다. 아직도 진행 중이다.

이력서는 이름, 연락처, 경력, 학력, 보유기술, 저서 등의 순으로 서술한다. 경력과 학력은 최근 것을 우선순위로 쓰고 단순히 어떤 회사에서 근무했다고 쓰는 것이 아니라 그 회사에서 자신이 올린 성과가 무엇인지 이해할 수 있도록 구체적으로 써야 한다. 이를 위해서는 문장에 '성공적으로^{successfully}'라든지 '완수했다^{completed}' 등의 긍정적인 단어들이 배열되어야 하고 목표치의 몇 퍼센트(%)를 달성했는지 혹은 몇 배의 성과를 올렸는지 정량적인 표현을 쓰면 아주 좋다. 보유기술(스킬)은 전문적인 기술이나 구사가능한 언어, 컴퓨터 다루는 솜씨 정도를 쓰면 된다.

평범한 것은 감동을 줄 수 없다. 뭔가 다르게 자기만의 아이디어가 가미되어야 한다. 마지막으로 무엇이든 보기 좋은 것에 호감이 가게 마련이다. 이력서의 양식 또한 간과할 수 없는 부분이다. 한눈에 볼 때 균형이 맞고 '예뻐야' 한다. 이력서의 내용이 아무리 좋아도 첫눈에 가지런하고 안정되게 보이지 않으면 리크루터는 '기본이 되지 않았다'고 판단할 수 있다. 따라서 세련되어 보이는 매력적인 이력서를 만들어야 한다.

응시와 비자문제

바이오 회사의 응시는 구직과 마찬가지로 주로 인터넷을 통해 이루어
진다. 아주 큰 바이오 회사나 제약사의 경우 인터넷으로 들어오는 응시
서류가 너무 많아 제대로 평가될 수 없는 경우도 있는데 이럴 때는 리
크루터를 통해 더 빠르고 효과적으로 지원할 수도 있다. 그러나 이것은
리크루터의 개인적인 연락처를 알아야 가능하다.

　응시 부분에서 가장 중요한 것은 바로 비자문제다. 합법적인 비자
가 없으면 응시자격조차 주어지지 않는 경우가 있다. 이 부분은 이민
법에 관련된 내용인데 결론부터 말하자면 채용하는 회사가 비자신청
에 대한 스폰서가 되어야 한다. 미국에서 유학하여 학교를 마친 경우
는 제도상 취업비자(H비자)를 받기가 쉽다. 그러나 미국에서 공부를
하지 않았거나 그런 유사 조건이 안 된다면 회사가 어떤 방법으로든
스폰서가 되게끔 해야 한다. 그러려면 먼저 응시자가 그 회사에 꼭 필
요한 사람이 되어야 할 것이다. 내 경우는 회사에서 O-1비자라는 특
수비자를 받게 해주었다. 나처럼 미국에서 학위를 받지 않은 사람도
취직하는 것을 보면 분명 불가능한 일은 아니다. 비자와 이민법에 관
련된 내용은 주한 미국대사관 사이트에 자세히 나와 있으므로 이를
참고하기 바란다.

전화인터뷰^{Phone interview}와 현장인터뷰^{Site interview}

리크루터는 응시한 구직자들을 놓고 기본적인 선별작업을 한다. 응시자의 경력이 해당 분야에 맞는지 직무에 기본적으로 적합한 사람인지 판단하는 것이다. 물론 리크루터는 해당 직무의 전문가가 아니므로 자신이 평가할 수 있는 수준까지만 판단하여 1차로 심사한다. 채택된 후보의 리스트는 채용매니저^{hiring manager}에게 전달한다. 채용매니저는 합격자의 직속상사가 될 사람이다. 그들은 서류를 통해 응시자의 전문 분야를 더욱 소상하게 평가하고 최종적으로 5~6명을 선정하여 리크루터에게 다시 전달한다.

리크루터는 이들 채용후보에게 연락한다. 드디어 첫 전화인터뷰가 성사되는 것이다.

전화인터뷰는 대개 두 가지로 나뉘는데 인사팀 리크루터와의 인터뷰, 그리고 채용매니저와의 인터뷰다. 인사팀에서는 약속을 잡고 전화통화로 커버레터와 이력서상에 나와 있는 내용들을 다시 점검하고 간단한 질문과 함께 기본적인 인성테스트를 한다. 회사에 따라 차이는 있지만 비교적 속성 인터뷰라고 할 수 있으며 여기서 통과가 되어야 채용매니저와 전화인터뷰를 진행할 수 있다.

채용매니저는 전문성을 묻는 인터뷰를 하게 되지만, 까다롭고 깊이 있는 질문을 하는 경우는 드물다. 어느 정도 긍정적이라고 판단되면 응시자가 지원한 조직이나 업무에 대해 소개하고 관심 여부를 자세히 묻는다. 사실 이 단계까지 왔다는 것은 어느 정도 검증을 거쳤다는 뜻이므로 여기서 큰 문제가 없으면 바로 현장인터뷰로 이어진다. 일반적으로 3명 정도의 후보가 현장인터뷰에 참여한다.

현장인터뷰를 위해서는 채용후보자를 회사로 불러들여야 하며 이에 대한 비용은 당연히 모두 채용하는 회사에서 지원한다. 미국처럼 땅덩이가 넓은 나라는 채용후보가 멀리서 비행기를 타고 와야 할 때도 많아 대부분 현장인터뷰를 하게 될 사업장 근처의 호텔에서 투숙하게 된다. 식사와 교통비 등으로 대략 수천 달러(수백만 원)의 비용이 든다.

직무와 직급에 따라 현장인터뷰 진행에도 많은 차이가 있다. 갓 졸업한 인력이나 말단 사원급은 반나절 정도 인터뷰를 하는데 채용매니저, 리크루터와 미래의 동료가 될 만한 사원들과 일대일로 면접을 한다. 간부급 정도가 되면 좀 더 심도 있는 면접이 치루어진다. 그리고 연구직이나 기술직의 경우는 인터뷰 스케줄에 세미나나 연구발표회를 끼워 넣는다. 간부급 연구원의 경우 오전 9시부터 오후 4시까지 쉴 새 없이 돌린다. 앞으로 동료가 될지 모르는 사람들과 점심을 같이 먹고 저녁도 초대받는다. 심지어 전날 저녁을 같이 먹는 경우도 있다. 많게는 10명 이상의 사람들과 인터뷰를 하기 때문에 일정이 끝나면 거의 그로기 상태가 된다. 간부급 이상, 고급 경영자급의 경우는 상당한 기간을 두고 다양한 방법으로 인터뷰를 한다. 이것은 스카우트를 위한 접촉이라고 하는 것이 더 적합할 것이다. 어쨌든 채용대상에 따라 인터뷰는 달라진다.

인터뷰에서 전문성을 검증하는 질문들은 사실 대답하는 데 큰 어려움이 없다. 가장 까다로운 경우는 인성에 대한 질문들이다. 그들은 짧은 시간에 다양하고 깊이 있는 질문을 통해 인성을 파악하려고 노력한다. '자신의 장점과 단점 세 가지를 이야기하라.', '자신이 왜 이 자리에 적합하다고 생각하는가?' 이런 단골질문과 함께 리더십, 팀워크, 대인관계, 분석력, 적응능력 등을 파악하기 위한 질문을 한다. '당신은 어떤 스타일의 리더라고 생각하는가?, 왜 그렇게 생각하는가?', '지난날 당신의 가장 큰 업무성과는 무엇이라고 생각하는가?, 그것을 어떻게 이루어냈는지 설명해 보라.', '팀원들에게 어떤 방식으로 동기부여를 할 것인가?' 등 엄청나게 다양한 질문들이 쏟아질 수 있다.

분석력과 문제해결능력을 테스트하기 위해 케이스 인터뷰를 하는 경우도 있다. 즉, 어떠한 특정 조건을 주고 이에 대해 문제를 제시하며 '당신이라면 어떻게 하겠는가?' 하는 질문들이다.

이러한 질문에 답하기 위해 온종일 신경을 곤두세우다 보면 목도 쉬고 기운이 완전히 소진된다. 현장인터뷰를 마치면 면접관들은 채점을 하여 인사팀으로 넘기고, 리크루터는 이를 취합하여 채용매니저에게 알려주면서 채용을 결정한다.

채용이 결정될 경우 전화로 통보하면서 처우를 제시한다. 처우는 보통 기본연봉, 보너스가 있으며 필요에 따라 이주비용과 스톡옵션 등이 더해지기도 한다.

기본연봉에 따라 보너스 액수가 정해지므로 기본연봉은 매우 중요하다. 한 가지 특이점은 한국 대기업이 직급에 따라 연봉이 어느 정도 정해져 있는데 비해 미국은 천차만별이다. 즉, 연봉협상을 어떻게 하느냐에 따라 대리가 차장보다 높은 연봉을 받을 수도 있다. 이는 어떻게 보면 상당히 합리적이고 융통성 있는 제도다.

이주비용 지원은 한국에서 생소한 경우인데 이사하는 과정에 드는 비용과 현재 집을 팔고 새 집을 사는 과정에 드는 비용을 지원하는 것을 말한다. 단순한 일이 아닌 만큼 그 액수가 만만치 않다. 시간이 지나도 현재 집이 팔리지 않아 때로는 회사가 그 집을 떠안는 경우도 많다. 새 집을 구입할 때는 다양한 방식으로 비용을 지원한다. 그리고 집을 사고 팔며 소요되는 행정적인 비용과 세금 등도 모두 회사 측에서 지원한다.

스톡옵션은 직급과 회사의 규모에 따라서 차이가 있겠지만 대형 제약 회사에서는 직원의 주인의식을 유도하기 위해 주는 경우가 많다. 그리고 벤처나 중소기업에게 스톡옵션은 우수인재들을 끌어들일 수 있는 가장 큰 무기다.

  그밖에 집안 식구 중에(주로 아내가) 이사 때문에 퇴직한 사람이 있다면 회사가 도와서 새 직장을 찾아주기도 한다. 아이들의 유치원이나 학교에 대한 정보도 제공한다. 신규인력이 빠르게 정착할 수 있도록 최선을 다하는 것이다. 집을 바로 구하지 못하면 임시 거처를 제공하기도 한다. 근방의 장기투숙 호텔이나 가구가 구비되어 있는 아파트를 구해준다.

  이 시점에서 다시 거론해야 하는 것이 비자다. 만약 취업비자가 필요하다면 처우협상 시점에서 반드시 거론해야 한다. 때에 따라 영주권을 받는 문제도 이때 협상한다. 대개 일정한 기간을 근무하면 그때 스폰서를 해준다는 단서를 다는 식이다. 외국인은 이러한 과정을 통하여 미국에 정착할 수 있는 기회를 얻는다. 그만큼 취업은 외국인들에게 중요하기 때문에 이를 위해 엄청난 노력을 쏟아부을 수밖에 없다.

  지금까지의 이야기가 미국 바이오 회사에 취업하길 꿈꾸는 독자들에게 희망을 주었는지 실망을 주었는지 잘 모르겠다. 하지만 절대 실망은 하지 않았으면 한다. 나 역시도 평범한 외국인이었지만 미국 바이오 회사에 들어갔다. 절대 불가능한 일이 아니다. 자신이 꿈꾸던 커리어를 펼쳐보고 싶은 분들에게 해외 진출을 '강추'하고 싶다. 인생에 기회는 언제나 있는 것이 아니다. 지금까지 한국에서의 직장생활에서 별다른 도전을 못 느끼셨던 분들, 경쟁자다운 경쟁자를 만나보지 못한 분들, '글로벌 스탠더드'와 '세계 최고'를 한 번 경험하고 싶다면 지금이 기회다. 더 늦기 전에 도전하라.

단일군항체 Monoclonal antibody

한 가지 세포에서 생산된 항체로 한 가지 항원에 부착성을 가지고 있어 단일군 또는 단일클론 항체라고 한다. 목표물에 대한 특이성과 부착성 때문에 진단용 시약이나 치료용으로 사용되고 있다.

면역글로불린 Immunoglobulin

항체 역할을 하는 혈액 내 당단백질을 통칭한다.

미투 me-too 제품

이미 시장에 나와 있는 특정제품과 유사하게 만들어져 후속 출시된 제품을 지칭하는 말이다. 나도 me-too 따라 만든다는 의미에서 나왔다.

바이오시밀러 biosimilar

독점기간과 특허가 끝난 바이오 의약품과 비슷하게 복제하여 생산, 판매하는 제품을 말한다. 다른 말로 바이오제네릭 Biogeneric, 후속의약 follow-on drug 이라고도 한다.

바이오테크놀로지 공로상 Biotechnology Heritage award

매년 개최되는 미국 바이오 국제회의 BIO International Convention 에서 바이오산업의 증진에 획기적으로 기여한 인물에게 주어지는 상이다. 지금까지 수상한 인물로는 제넨텍의 로버트 스완슨 Robert Swanson 을 비롯하여 허버트 보이어 Herbert Boyer, 인간지놈 분석을 이끈 프란시스 콜린스 Francis Collins, 유전자 서열분석기술에 공로가 있는 월터 길버트 Walter

Gilbert, 리로이 후드 Leroy Hood 등이 있다.

사이토카인 Cytokine
면역 관련 세포들이 분비하는 단백질로 타세포의 활성, 분화 등을 조절하는 역할을 한다.

살리실산 Salicylic acid
역사적으로 버드나무 껍질로부터 추출되어 해열제 등으로 사용되어 왔다. 살리신에서 만들어진 대사체로 아스피린과 유사한 화학적 특성을 가지고 있다.

세포증식인자 Cell growth factor
체내에서 만들어지는 단백질로 특정 세포를 자극하여 생장과 분열을 유도한다.

아닐린 Aniline
1834년 독일의 프리드리히 룽게가 콜타르 coal tar 에서 분리한 물질이다. 푸른빛을 내어 사이아놀이라고 불렀다. 그 후 오랫동안 염료(염색약품)로 사용되어 왔다.

아미노산 서열 Amino acid sequence
단백질 사슬을 구성하고 있는 아미노산(20가지의 조합)의 배열순서를 말한다. 이는 단백질의 1차구조라고도 하며 단백질의 입체구조를 결정하는 기본적인 설계도다.

알부민 Albumin
혈청에 존재하는 대표적인 단백질로 물에 잘 녹고 양이온과 지방산, 비타민, 호르몬 등의 수송에 관여하며 혈액 내 중요한 역할을 하는 단백질이다.

역가 Titer, potency
효능에 대한 정량적인 단위를 말한다. 역가가 높다는 것은 효능이 높다는 것을 말한다.

유전자 서열 DNA sequence

DNA 사슬을 구성하고 있는 핵산(아데닌, 티민, 구아닌, 사이토신의 조합)의 배열순서를 말한다. 배열순서가 곧 유전정보를 의미한다.

유전자재조합기술 Recombinant DNA technology

인위적으로 원하는 유전자 가닥을 자르고 결합(접합)시키는 조작기술이다. 접합시킨 유전자를 세포에 주입하여 유전자 내용을 발현시키거나 유전자 가닥을 복제할 수 있다. 유전공학이라는 분야와 바이오산업을 탄생시킨 기술이다.

유전자 증폭기술 Polymerase Chain Reaction

원하는 특정 DNA를 수억 가닥의 사슬로 복제, 증폭하는 기술이다. 오늘날 유전자 조작과 진단 등에 널리 쓰이고 있는 대표적인 바이오기술이다.

인터페론 Interferon, IFN

감염이나 질병에 대해 백혈구가 반응하여 분비하는 단백질이다. 인체 방어시스템 중 한 가지로 암세포 증식을 억제하기도 한다.

적혈구증식인자 Erythropoietin, EPO

적혈구 세포의 생산을 자극, 증진하는 단백질이다. 빈혈 치료제로도 사용되고 있다.

제한효소 Restriction enzyme 또는 핵산절단효소 Endonuclease

유전자의 특정부분을 절단시키는 데 사용되는 기능성 효소다. 유전자재조합기술에서 '가위' 역할을 한다.

콜로니증식인자 Colony Stimulating Factor, CSF

단백질 중 하나로 골수에 있는 분화되지 않은 백혈구를 분화시키고 성숙시키는 역할을 한다.

프로타민 Protamine

아르기닌산이 많이 함유된 핵 단백질로 주로 정자세포에 많이 함유되어 있으며 DNA와 결합하여 안정화시킨다. 인슐린과 섞어 체내에 주입하면 인슐린의 활성이 서서히 나타나게 하는 역할을 한다.

플라스미드 Plasmid

작은 원형의 유전자^{DNA}로 세포 내에서 독립적으로 자가복제할 수 있다.

하이브리도마 Hybridoma

두 가지 세포를 융합하여 만든 일종의 하이브리드형 세포를 말한다. 항체를 생산하는 세포와 종양세포의 융합으로 단일군항체를 만드는 하이브리도마를 만든다.

항원보강제 Adjuvant

불용성 물질로 항원(백신)과 같이 주사될 때 항체 생성을 높이고 지속시키는 역할을 한다. 가장 널리 알려져 있는 물질이 수산화알루미늄(알럼)이다.

COX 저해제

사이클로옥시젠에이즈^{Cyclooxygenase}라는 효소의 활성을 억제하는 화합물을 말한다. 주로 비스테로이드형 항염증제로 알려져 있으며 진통효과가 있고 해열작용을 한다.

DDT Dichlorodiphenyltrichloroethane

무색의 화합물로 1940, 50년대 살충제로 널리 쓰였다. 그러나 1970년 이후 동물과 인체에 유해하다는 것이 알려지면서 사용이 금지되었다.

MTX Methotraxate

엽산$^{folic acid}$의 대사를 강력하게 저해하는 화합물로 암, 자가면역질환 등에 쓰인다.

프롤로그

1. Amerithrax Investigative Summary, The United States Department of Justice, Friday, February 19, 2010 (미국 법무부 홈페이지: http://www.justice.gov/ amerithrax)
2. 셀트리온, 제2공장 증설 통해 세계 2위 도약 – 서울경제 2010년 2월 21일자
3. 삼성이 그리는 바이오산업 시나리오는? – 중앙일보 2010년 5월 11일자
4. 바이오, 그린카, 주요 연구개발 과제 검토 – [파워인터뷰] 조선일보 2010년 7월 16일자

제1부 바이오산업의 초일류 기업들

1장 제넨텍 이야기
(1) 젊은 벤처캐피탈리스트와 뚱뚱한 과학자의 만남
1. David Packard, The HP Way: How Bill Hewlett and I Built Our Company, 1st Edition HarperCollins Publishers, 1995, p.40
2. Owen W. Linzmayer, Apple Confidential: The Real Story of Apple Computer, Inc., No Starch Press, Chapter 1, The Forgotten Founder
3. 2006 Fortune, Best Company to Work For, http://money.cnn.com/magazines/ fortune/ bestcompanies/2006/index.html
4. 2008 Fortune, Most Admired Company, http://money.cnn.com/magazines/ fortune/ mostadmired/2008/industries/21.html
5. Robert A. Swanson, "Co-Founder, CEO, and Chairman of Genentech, Inc., 1976-1996," an oral history conducted in 1996 by Sally Smith Hughes, Regional Oral History Office, The Bancroft Library, University of California, Berkeley, 2000

6. Herbert W. Boyer, "Recombinant DNA Research at UCSF and Commercial Application at Genentech," an oral history conducted in 1994 by Sally Smith Hughes, Regional Oral History Office, The Bancroft Library, University of California, Berkeley, 2001

7. Stanley Cohen et al, Construction of Biologically Functional Bacterial Plasmids In Vitro, Proceeding of National Academy of Science USA (1973) Vol. 70, No. 11, pp. 3240-3244

8. Tom Abate, The Birth of Biotech, How the Germ of an Idea became the Genius of Genentech, San Francisco Chronicle, April 1, 2001

9. Tom Abate, Biotechnology Industry Personalities: Chips Off The Old Block Alums of Genentech, Chiron, Cetus make Bay Area the capital of biotech industry, San Francisco Chronicle April 2, 2001

10. Cynthia Robbins-Roth, From Alchemy to IPO: The Business of Biotechnology, Perseus Publishing, 2000, Chapter 2

(2) 성공적인 비즈니스 모델
1. Robert A. Swanson, "Co-Founder, CEO, and Chairman of Genentech, Inc., 1976-1996," an oral history conducted in 1996 by Sally Smith Hughes, Regional Oral History Office, The Bancroft Library, University of California, Berkeley, 2000

2. David V. Goeddel and Arthur D. Levinson, "Obituary: Robert A. Swanson (1947-99)", Nature, 20 Jan. 2000 vol. 403 p.264

3. Steven S. Hall, Invisible Frontiers: The Race to Synthesize a Human Gene, Atlantic Monthly Press, July 1987

4. Tom Abate, The Birth of Biotech, How the Germ of an Idea became the Genius of Genentech, San Francisco Chronicle, April 1, 2001

(3) 성공적인 기업문화
1. Katherine A, Littrell, Genentech: Investment Community meeting Research overview, March 2, 2009

2. Fortune, Best Company to Work For, http://money.cnn.com/magazines/fortune/bestcompanies/2006/index.html

3. Marilyn Chase, Patients Fear: Their Rapport With Genentech Is in Danger, Wall Street Journal, August 14, 2008

4. Tom Abate, The Birth of Biotech, How the Germ of an Idea became the Genius of

Genentech, San Francisco Chronicle, April 1, 2001

5. Robert A. Swanson, "Co-Founder, CEO, and Chairman of Genentech, Inc., 1976-1996," an oral history conducted in 1996 by Sally Smith Hughes, Regional Oral History Office, The Bancroft Library, University of California, Berkeley, 2000

6. Arlene Weintraub, "Robert Swanson and Herbert Boyer: Giving Birth to Biotech," Business Week, Oct 18 2004

7. Alfred D. Chandler, Shaping the Industrial Century: The Remarkable Story of the Evolution of the Modern Chemical and Pharmaceutical Industries (Harvard Studies in Business History) Harvard University Press, April 15, 2009, Chapter 10

8. Andrew Pollack, Roche Agrees to Buy Genentech for $46.8 Billion, New York Times, March 12, 2009

2장 앰젠 이야기
(1) 단백질 약품 EPO의 가려진 과거
1. 골드와서의 자전적 이야기: Eugene Goldwasser, Erythropoietin: a Somewhat Personal history, Perspectives in Biology and Medicine 40(1):18-32, 1996

2. Merrill Goozner, The $800 Million Pill: The Truth behind the Cost of New Drugs, University of California Press, October 10, 2005, Chapter 1

3. Takaji Miyake et al., Purification of Human Erythropoietin, The Journal of Biological Chemistry (1977) 252, 15: 5558-5564

(2) 블록버스터의 탄생
1. Eugene Goldwasser, Erythropoietin: a Somewhat Personal history, Perspectives in Biology and Medicine 40(1):18-32, 1996

2. Merrill Goozner, The $800 Million Pill: The Truth behind the Cost of New Drugs, October 10, 2005, University of California Press, Chapter 1

3. 앰젠 창립 25주년 기념서: David Ewing Duncan, The Amgen Story. 25 Years of Visionary Science and Powerful Medicine, 2005, Tehabi Books, Chapter 1

3장 세계의 바이오기업들
(1) 노르디스크와 노보 - 북구의 두 라이벌
1. Luigi Orsenigo, The Emergence of Biotechnology, Pinter Publishers London,

1989

2. Lawrence K. Altman, The Tumultuous Discovery of Insulin: finally hidden story is told, New York Times, September 14, 1982
3. Novo Nordisk History, http://www.novonordisk.com/images/about_us/history/
4. Barnaby J, Feder, Novo Wary of Misperceptions, New York Times, December 22, 1981
5. Novo Nordisk, International Directory of Company Histories, Vol.61. St. James Press, 2004
6. Michael E. Porter, On Competition, Harvard Business School Press, 1st edition , October 1998, Chapter 9: Competing across locations

(2) 노바티스와 로슈 - 에라스무스의 유산

1. Paul Hofmann, In Basel, The Heritage of Erasmus, New York Times, May 25, 1986
2. Emilie Mülly, The Importance of Basel to the Pharmaceutical Industry, April 21, 2003, University of Pittsburgh, History Department
3. Alfred D. Chandler, Shaping the Industrial Century: The Remarkable Story of the Evolution of the Modern Chemical and Pharmaceutical Industries (Harvard Studies in Business History) (April 15, 2009) Harvard University Press , Chapter 5
4. History of Basel, http://switzerland.isyours.com/e/guide/basel/history.html
5. Ciba-Geigy, International Directory of Company Histories, Vol. 8. St. James Press, 1994
6. Novartis History. Novartis AG. 2010, http://www.novartis.com/about-novartis/company-history/index.html
7. Glenn Collins, 2 Swiss Drug Giants In a Surprise Merger To Be 2nd in World, New York Times, Thursday, March 7, 1996
8. Traditionally Ahead of Our Time, Roche Historical Archive, F. Hoffmann-La Roche Ltd, Basel
9. F. Hoffmann-La Roche Ltd , International Directory of Company Histories, Vol. 50. St. James Press, 2003.

(3) 기린과 교와하코 - 맥주에서 바이오까지

1. Vinh T. Phung, Japanese beer – with a Scandinavian twist, http://www.japanvisitor. com

291

2. 일본 맥주산업의 조상 W. 코프란도 (日本ビール産業の祖 W・コ_プランド), 기린 홀딩스 홈페이지 http://www.kirinholdings.co.jp/company/history/copeland/

3. Kirin Brewery Company, Limited, International Directory of Company Histories, Vol.63. St. James Press, 2004

4. Ryoichi Kunitakea, Akira Suzukib, Hajime Ichihashic, Shoichi Matsudac, Osamu Hiraid, Keiichi Morimotoe, Fully-automated roller bottle handling system for large scale culture of mammalian cells, Journal of Biotechnology (1997) 52: 289–294

5. Kirin Holdings is in talks to buy Kyowa Hakko Kogyo, New York Times, Friday, October 19, 2007

6. Kyowa Hakko Kogyo Co., Ltd., International Directory of Company Histories, Vol. 48. St. James Press, 2003

4장 바이오기업들의 춘추전국시대

(1) 혈액에서 항체 치료제까지

1. 쟝 밥티스트 드니의 실험: Christopher D. Hillyer, Leslie E. Silberstein, Paul M. Ness, Kenneth C. Anderson, John D. Roback, Blood Banking and Transfusion Medicine: basic principles & practice, Churchill Livingstone; 2 edition, October 18, 2006, Chapter 1: A brief history of blood transfusion

2. Francoise A. Roux, Pierre Sai and Jack-Yves Deschamps, Xenotransfusions, Past and Present, Xenotransplantation, 2007: 14: 208–216

3. Innovators and Pioneers, Jean Baptiste Denise, http://www.pbs.org/wnet/redgold/ innovators/bio_denis.html

4. Blood transfusion, Leukemia and Lymphoma Society, http://www.leukemia-lymphoma.org

5. 동물수혈사진 출처: Purmann MG. Grosser und gantz neugewundener Lorbeer-Krantz oder Wund-Artzney. Franckfurt: M. Rohrlach-Leipzig, 1692.

6. Plasma derivatives & specialty products, ADS Healthcare, 2009 catalog

7. 일본 약해에이즈 사건 보고서: 미쓰비시제약 홈페이지 http://www.mt-pharma.co.jp

(2) 류마티스 치료제 - 고통의 역사

1. 다큐멘터리 영화 Innerstate, 감독: Chris Valentino, 출연: Jason Knott, Janie Feliz 외, Centocor, Jan 2007

2. Stephanie Saul, Drug Gets a Cameo in a Film Backed by Its Maker, New York

Times, February 21, 2007

3. Rheumatoid Arthritis history, http://www.intelihealth.com

4. Immunex Corporation, International Directory of Company Histories, Vol. 50. St. James Press, 2003.

5. Marc Feldmann, Development of anti-TNF therapy for Rheumatoid Arthritis, Nature Reviews Immunology, (2002) 2:364-371

6. Richard Perez Pena, Research Scientist's $105 Million Is a Way to Give Back to N.Y.U., New York Times, August 12, 2005

7. Andrew Pollack, Pain Under Attack; Explosion in Biotechnology Drugs Focuses on Arthritis, New York Times, Wednesday, June 3, 1998

8. Lawrence M. Fisher, First Drug Approved for Crohn's Disease, New York Times, Tuesday, August 25, 1998

제2부 바이오산업의 이슈와 스캔들

1장 바이오산업의 이슈들

(1) 돌팔이 약장사에서 FDA까지

1. Ann Anderson, Snake Oil, Hustlers and Hambones: The American Medicine Show McFarland, Jefferson, NC, 2000, Chapter 1.

2. Jeff Louderback, Creating A New Generation of American Ingenuity, News Blaze, July 31,2006

3. Michelle Meadows, Promoting Safe and Effective Drugs for 100 Years, FDA Consumer magazine, The Centennial Edition / January-February 2006, http://www.fda.gov

4. Carol Ballentine, Sulfanilamide Disaster, FDA Consumer magazine, June 1981 Issue, http://www.fda.gov

5. Medicine: Post-Mortem, Time Magazine, Monday, Dec. 20, 1937, http://www.time.com

6. The Thalidomide Disaster, Time Magazine, Friday, Aug. 10, 1962, http://www.time.com

(2) 바이오시밀러에 거는 기대

1. 식품의약품안전청 바이오생약국, 동등생물의약품 허가 및 심사를 위한 질의응답집, 2009년 9월, http://www.kfda.go.kr
2. ICH Q5E: Comparability of Biotechnological/Biological Products Subject to Changes in Their Manufacturing Process, Step 4 version, November 18, 2004 http://www.ich.org
3. 미국의료개혁법: The Patient Protection and Affordable Care Act, Title VII-Improving access to innovative medical therapies, Subtitle A—Biologics Price Competition and Innovation, Jan 5, 2010

(3) 에이즈백신을 향한 꿈

1. Rebecca N. Lawrence, 20 years on: Donald Francis discusses Advances in the Fight against HIV, Drug Discovery Today, Vol. 6, No. 16 August 2001
2. Donald P. Francis et al., Candidate HIV/AIDS vaccines: lessons learned from the World's first phase III efficacy trials, AIDS, 2003, 17:147 – 156
3. Stanford Technology Venture Program, Don Francis and the Quest for an AIDS Vaccine, April 30, 2006
4. Stanley A. Plotkin, Walter A. Orenstein, Paul A. Offit, Vaccines, Saunders; 4 edition September 19, 2003
5. Frank Gottron, Project BioShield: Purposes and Authorities, Congressional Research Service, 7-5700, www.crs.gov
6. Katelin Hoskins, Vaccines against Potential Agents of Bioterrorism, I. Bioterror Threats and Vaccines against Anthrax and Smallpox, http://www.vaccineethic.org
7. Katelin Hoskins, Vaccines against Potential Agents of Bioterrorism, II. Obstacles Facing Bioterror Vaccine Development, http://www.vaccineethic.org

(4) 원숭이, 스스로 목숨을 끊다 – 동물실험의 역사와 현황

1. 28시간법: 49 US Code 80502, Transportation of animals, http://uscode.house.gov
2. Daniel Engber, Where's Pepper?, Slate Magazine, Monday, June 1, 2009, http://www.slate.com
3. 실험용 동물 수 통계: U.S. Department of Agriculture, Retrieved February 8, 2008, http://www.aphis.usda.gov

(5) 의학도서관의 추억

1. 웰치 의학도서관 역사, http://www.welch.jhu.edu/about/history.html

2장 바이오산업의 스캔들

(1) 내부자거래

1. SEC Charges MedImmune Executive With Insider Trading, Securities and Exchange Commission v. Eric I. Tsao, Civil Action No. AW-03-1596 (D. Md.), U.S. Securities and Exchange Commission Washington, D.C., Litigation Release No. 18164 / June 2, 2003
2. Carrie Johnson, Plea Due in MedImmune Stock Case, Washington Post, Friday, September 17, 2004
3. Jerry Knight, Insider Traders Who Push Too Far Can Pay Dearly, Washington Post, Monday, September 27, 2004
4. Michael S. Rosenwald, Former Executive At MedImmune Gets Prison Term, Washington Post, Saturday, January 15, 2005
5. ImClone Systems Inc., International Directory of Company Histories, Vol. 58. St. James Press, 2004
6. Andrew Pollack, For ImClone Drug Entrepreneur, A Past of Celebrity and Notoriety, New York Times, January 24, 2002
7. Geeta Anand, Four Prestigious Labs Ousted Waksal for Questionable Work, Wall Street Journal, September 27, 2002

(2) 억만장자를 꿈꾸는 모험가들

1. Stephen Heuser, Merck to buy N.H. biotech in record, Boston Globe, May 10, 2006
2. Abbott Laboratories Obtains Exclusive License to Yeast Display Technology Through Acquisition of Virtual Company, BioDisplay Technologies, Inc., PR Newswire, December 21, 2001
3. Top 20 Molecular Millionaires, Genetic Engineering & Biotechnology News, Vol. 26, No. 11, Jun 1 2006
4. Rebecca N. Lawrence, Sir Chris Evans Divulges his experiences as an Entrepreneur, Drug Discovery Today (2002) 7: 399-402
5. Liz Fetcher, Merlin's maestro: Sir Chris Evans, the UK's bioentrepreneur, reflect

his evolution from lab rat to financial wizard, Nature Biotechnology (2002) 20, supplement, bioentrepreneur, BE13

6. Jayaraman Hyderabad, Kiran Mazumdar Shaw, Nature Biotechnology, (2005) 23:11
7. Stacy Lawrence, Stock options could no longer be the carrot, Nature Biotechnology (2005) 23: 157
8. Maureen Martino, The 2010 Biotech Graveyard, http://www.fiercebiotech.com/
9. BioTech Career Center Graveyard, http://www.biotechcareercenter.com/Graveyard_index.html

(3) 내부고발자

1. Peter Rost, The Whistleblower: Confessions of a Healthcare Hitman, Soft Skull Press, September 10, 2006
2. Everlyn Pringle, An Ex-Pfizer VP Takes on Big Pharma, Counter Pounch Magazine, May 10, 2006
3. 김용철, 삼성을 생각한다. 사회평론, 2010년 2월 22일

(4) 신약개발에 대한 변명

1. John LaMattina, Drug Truths: Dispelling the Myths About Pharma R & D, Wiley, 1 edition, November 10, 2008,
2. Marcia Angell, The Truth About the Drug Companies: How They Deceive Us and What to Do About It, Random House, 1 edition, August 24, 2004
3. NIH Response to the Conference Report Request for a Plan to Ensure: Taxpayers' Interests are Protected, Department of Health and Human services, National Institute of Health, July, 2001
4. Benjamin Zycher, Joseph A. DiMasi, Christopher-Paul Milne, The Truth about Drug Innovation: Thirty-Five summary case histories on private sector contributions to pharmaceutical Science, Medical Progress Report, Center for Medical Progress at the Manhattan Institute, Published by Manhattan Institute, No. 6 June 2008,
5. 처방약가 비중: Prescription drug Trends, Melo Park: Henry J. Kaiser Family Foundation, May 2007
6. 우리나라 의약품 지출, OECD 회원국 중 '상위권', 약업신문, 2009년 7월 21일

제3부 에필로그

1장 바이오산업이란 무엇일까?

1. Roxanna Guilford-Blake, Debbie Strickland (Edited), Guide to Biotechnology 2008, Biotechnology Industry Organization (BIO), http://www.bio.org
2. Clayton M. Christensen, The Innovator's Dilemma: The Revolutionary Book that Will Change the Way You Do Business (Collins Business Essentials), Harper Paperbacks January 7, 2003,
3. Clayton M. Christensen, Jerome H. Grossman, Jason Hwang, The Innovator's Prescription: A Disruptive Solution for Health Care, McGraw-Hill; 1 ed., December 4, 2008, Chapter 8
4. Joseph A. DiMasi et al., Approval Success Rates Higher for Smaller Firms Among Top 50 Pharmaceutical Companies, Tufts Center for the Study of Drug Development, Sept. 9, 2010
5. Commercial Insight: Disease Modification in Rheumatoid Arthritis, Data Monitor, Reference Code: DMHC2448, Jan 2009, p.142-148
6. 에드넥서스(Adnexus) 배경: Biospace company profile, http://www.biospace.www
7. David Urdal, Manfacturing Strategy of Provenge, Analyst Day Presentation, September 24, 2009, http://www.dendreon.com

2장 바이오산업의 인적자원

1. L. Patrick Gage profile, Forbes People: http://people.forbes.com
2. Liz Fetcher, Merlin's maestro: Sir Chris Evans, the UK's bioentrepreneur, reflect his evolution from lab rat to financial wizard, Nature Biotechnology (2002) 20, supplement, bioentrepreneur, BE13
3. The WetFeet Insider Guide to Careers in Biotech and Pharmaceuticals, Wetfeet. Com, August 15, 2003
4. Careers in Biotech & Pharmaceuticals: The WetFeet Insider Guide (2005 Edition), WetFeet, Inc., August 2004
5. Careers in Biotech & Pharmaceuticals: WetFeet Insider Guide(2006 Edition), WetFeet, Inc., January, 2005

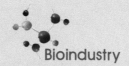
Bioindustry

누가 스티브 잡스를 이길 것인가

세계 부의 지도를 바꾸는 바이오산업 이야기

초판 1쇄 발행 2011년 1월 10일
초판 4쇄 발행 2022년 6월 13일

지은이 장건희
펴낸이 김선식

콘텐츠사업1팀장 임보윤 **콘텐츠사업1팀** 윤유정, 한다혜, 성기병, 문주연
편집관리팀 조세현, 백설희 **저작권팀** 한승빈, 김재원, 이슬
마케팅본부장 권장규 **마케팅2팀** 이고은, 김지우
미디어홍보본부장 정명찬
홍보팀 안지혜, 김은지, 박재연, 이소영, 이예주, 오수미
뉴미디어팀 허지호, 박지수, 임유나, 송희진, 홍수경
경영관리본부 하미선, 이우철, 박상민, 윤이경, 김재경, 최완규,
이지우, 김혜진, 오지영, 김소영, 안혜선, 김진경, 황호준, 양지환
물류관리팀 김형기, 김선진, 한유현, 민주홍, 전태환, 전태연, 양문현

펴낸곳 다산북스 **출판등록** 2005년 12월 23일 제313-2005-00277호
주소 경기도 파주시 회동길 490
전화 02-702-1724 **팩스** 02-703-2219 **이메일** dasanbooks@dasanbooks.com
홈페이지 www.dasan.group **블로그** blog.naver.com/dasan.books
종이 (주)한솔피앤에스 **출력·인쇄** (주)북토리

ISBN 978-89-6370-475-3 (03320)

다산북스(DASANBOOKS)는 독자 여러분의 책에 관한 아이디어와 원고 투고를 기쁜 마음으로 기다리고 있습니다.
책 출간을 원하는 아이디어가 있으신 분은 다산북스 홈페이지 '투고원고'란으로 간단한 개요와 취지, 연락처 등을
보내주세요. 머뭇거리지 말고 문을 두드리세요.